反义连文 诵读

林淑建 著

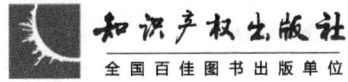

图书在版编目（CIP）数据

反义连文诵读 / 林淑建著. —北京：知识产权出版社，2018.1
ISBN 978-7-5130-5156-9

Ⅰ. ①反… Ⅱ. ①林… Ⅲ. ①汉语-反义词-通俗读物 Ⅳ. ①H136.2-49

中国版本图书馆 CIP 数据核字（2017）第 232809 号

内容提要

本书继承传统蒙学的创作特点，将经典著作和现实生活中常用的单字反义词连缀成具有百科全书式的"千字文"，通俗易懂，朗朗上口，能帮助读者在较短的时间内集中识记和应用。全书内容丰富，题材广泛，蕴藏着丰富的自然科学原理、社会人文精神和思想智慧元素，帮助读者养成良好的科学思维习惯，善用反义词去发现、思考和解决问题，并用它来描述客观事实和表达思想。

责任编辑：李 娟　　　　责任出版：孙婷婷

反义连文诵读
FANYI LIANWEN SONGDU

林淑建　著

出版发行：知识产权出版社 有限责任公司	网　址：http://www.ipph.cn
电　话：010-82004826	http://www.laichushu.com
社　址：北京市海淀区气象路 50 号院	邮　编：100081
责编电话：010-82000860 转 8689	责编邮箱：66450355@qq.com
发行电话：010-82000860 转 8101	发行传真：010-82000893/82003279
印　刷：北京虎彩文化传播有限公司	经　销：各大网上书店、新华书店及相关专业书店
开　本：850mm×1260mm　1/32	印　张：9.625
版　次：2018 年 1 月第 1 版	印　次：2018 年 1 月第 1 次印刷
字　数：276 千字	定　价：39.00 元
ISBN 978-7-5130-5156-9	

出版权专有　侵权必究
如有印装质量问题，本社负责调换。

序

"从小爱智慧",一起来"反义连文诵读"。

语言是思维的工具,反义词是辩证思维的语言,它起源于中国古代的阴阳观。但作为一种汉语语法现象,产生于20世纪50年代。它是顺应当时西方辩证法的传播和现代汉语语法的研究而产生的。虽然它出现较晚,但早已普遍存在于日常生活和百家百科百业里,成为人们日常交流、学习、思考、表达和决策的工具。

儿童3岁前大脑发育最快,2.5岁时已能晓得反义词,智力上要求掌握一些反义词。《3-6岁儿童学习与发展指南》也指出:"幼儿的成长要以培养思维为主。"心理学研究证明,抽象化、概念化程度越高的能力越容易迁移。人们本能地用母语思考,所以对反义词的认识越全面,能调动的资源、语汇及联想就越丰富,他的思想也就越深刻。知识会遗忘和老化,唯有思维是根,伴随儿童终生。童蒙养正,在孩子语言和思维发展的黄金时期,应及时固本培元,让孩子掌握受益终身的学习方法和能力,远比学习具体的知识更重要。

亲子对诵,其乐无穷。辩证思维,要从小启发。从幼小时期进行系统的反义词语言的学习与积累,可为中学辩证思维训练、大学专业范畴研习、学术学问范畴体系创建,以及社会博弈等各种决策所应用的范畴奠定思想语言基础。

本书融思想性、知识性和趣味性为一体。读者可在轻松愉快的阅读中,陶冶性情,增长见识,提高心智,积累思想和文学素养。相信本书一定会给广大读者朋友们带来收获和惊喜!

前　言

　　反义词是先贤智者为我们留下的宝贵的智慧财富。从咿呀学语、作文考试、哲学思辨、数学解析、科学研究、艺术创作、中医辨证、生产制造、经营管理乃至竞争作战，无不用到反义词。

　　本书继承传统蒙学的创作特点，将经典著作和现实生活中常用的单字反义词连缀成具有百科全书式的"千字文"，通俗易懂，朗朗上口，能帮助读者在较短的时间内集中识记和应用。全书内容丰富，题材广泛，蕴藏着丰富的自然科学原理、社会人文精神和思想智慧元素，注重思想开拓和智慧熏陶，让读者有效地将知识转化为智慧，帮助读者养成良好的科学思维习惯，善用反义词去发现、思考和解决问题，并用它来描述客观事实和表达思想，对开拓思路、增长智慧和系统地解决复杂问题具有一定的启迪作用。

　　书中故事的主角大多有着非凡的智慧和经历，这与他们儿时潜意识里及长大后自觉应用反义词有关。因此，在儿童心里早日播下智慧的种子，可为他们日后的工作、学习、生活、科研及至建立思想学说体系，打下良好的思想语言基础。

　　书中的"连一连"，要求读者利用反义连文的内容，依序将各对反义词连接起来，首尾可用虚线连接，形成完整的图像或符号（两字之间可用直线或弧线连接）。在识记的基础上，读者可以根据句意或题解,画出心中美的图形或符号,训练自己的观察力、理解力和想象力。该部分把深奥抽象的语言文字转化为简单明了、具体形象的图形符号,融合了文学、哲学、数形、图像和符号等多种思维方式。

由于笔者水平有限,错误和不妥之处在所难免,恳请读者不吝指正,以便再版时进一步改进和完善。

目 录

一 tiān wén hé dì lǐ 天文和地理 ······ 1

二 shēng huó hé láo zuò 生活和劳作 ······ 34

三 jīng jì hé mín sú 经济和民俗 ······ 83

四 zhōng yī hé yǎng shēng 中医和养生 ······ 108

五 yì shù hé qíng mào 艺术和情貌 ······ 129

六 zhèng zhì hé jūn shì 政治和军事 ······ 166

七 xué yè hé sī xiǎng 学业和思想 ······ 215

附录一 ······ 264

《反义连文》全篇（拼音+文字）······ 264

附录二 ·· 271

    哲语集鉴 ·· 271

附录三 ·· 297

    填一填 ·· 297

    参考答案 ·· 298

后　记 ·· 300

一　天文和地理

　　科学的真理不应在古代圣人的蒙着灰尘的书上去找。而应该在实验中和以实验为基础的理论中去找。真正的哲学是写在那本经常在我们眼前打开着的最伟大的书里面。这本书就是宇宙，就是大自然本身，人们必须去读它。

伽利略（意大利）

　　科学也需要创造，需要幻想，有幻想才能打破传统的束缚，才能发展科学。既异想天开，又实事求是，这是科学工作者特有的风格，让我们在无穷的宇宙长河中去探索无穷的真理吧！

郭沫若（中国）

【原文欣赏】

【注释】

宇—宙：无限空间—无限时间。乾—坤：天—地。

时—空：时间—空间。经—纬：经线—纬线。经纬本指织物的纵线和横线，后来分别引申为纵向和横向。

【大意解说】

无限的宇宙包含天地万物。它是由时间和空间纵横交织而成的。

【连一连】

乾

宇　　　宙

　　　　　坤

纬　经　空

　　　　时

【故事】

与星空交友，为人类导向

波兰天文学家哥白尼从小接受的是神学教育，但他内心热爱的却是科学。哥白尼小时候很喜欢观察天象，常常独自仰望星空思考。有一次，哥哥不解地问哥白尼："你一到傍晚就守在窗边望着天空发呆，难道是对上帝表示你的敬爱吗？"哥白尼回答说："不。我在观察天象，希望人们不再害怕它们，而是让它们成为人类的好朋友，给迷路的人指引方向，给交通工具导引航程。"

小时候的梦想激发了哥白尼努力探究天象奥秘的决心。后来，经过系统的学习和研究，哥白尼提出"太阳中心说"，建立了新的天文学。这从根本上改变了旧的宇宙观，推翻了当时盛行的"神创说"，在科学史上具有划时代的意义，从此欧洲科学便从宗教神学中解放出来，进入快速发展的通道。

（连一连参考图解：箭头，表示时间一维，去而不返）

【原文欣赏】

霄 壤 周 旋
来 回 往 返

【注释】

霄—壤：天—地。比喻相差甚远。

周—旋：环绕—盘旋。表示运转，引申为交往。

来—回：至—归。往—返：去—回。

【大意解说】

万物周旋。天地不停地自转环绕与公转盘旋。来来去去，循环往复。

【连一连】

返

周　　　往

旋　　壤

霄

来　　　回

【故事】

科学即力量，智慧即财富

古希腊哲学家泰勒斯专心科研，可生活却十分清苦。有个橄榄油商嘲笑他说："都说你学识超群，可它给你带来了什么？"泰勒斯当即回击说："请不要利用我的寒酸来贬低知识的价值，我会用事实让你明白的。"后来，泰勒斯用他丰富的知识预测到来年的橄榄将会大丰收。于是他乘榨油淡季之际，低价把当地所有的榨油设备全租了下来。第二年，橄榄果然获得大丰收，油商们急需榨油设备，可它们全被泰勒斯租走了，不得不高价向泰勒斯租用。曾嘲笑过泰勒斯的油商也来了。泰勒斯对他说："尊贵的商人，这些设备都是我用知识换来的，你现在应该明白了吧。知识是无价的，用它致富很容易。可我追求的不是金钱而是知识，这证明知识对社会多么有用啊！"

(连一连参考图解：螺旋，表示自然周旋运动)

【原文欣赏】

【注释】

春—秋:春天—秋天。夏—冬:夏天—冬天。

温—凉:暖和—凉快。暑—冷:酷暑—严寒。

【大意解说】

春、夏、秋、冬四季循环,产生了温暖、酷暑、凉快、严寒四种温差变化。

【连一连】

温

冬　　凉

　秋冷

夏　　暑

春

【故事】

天地相参,周旋运行

东汉天文学家张衡自幼聪敏好学,且能独立思考。有一次,他从书里读到一首描述北斗星在不同季节的傍晚时变化的诗句:"斗柄指东,天下皆春;斗柄指南,天下皆夏;斗柄指西,天下皆秋;斗柄指北,天下皆冬。"他觉得这太有趣了。于是小张衡根据诗的描述又参阅其他书籍绘成了一张天象图,并对着天象图仔细观察着星空。他观察着、描绘着、思考着。后来,他发现诗句对北斗星的描述不够准确,事实上斗柄早春指向了东北,晚春却指向了东南。

儿时对星空的爱好和探索,使张衡朝着天文研究的方向发展。后来他制成浑天仪,以观察天体运行,又制成候风地动仪,以测地震,并在诸多方面取得了辉煌的成就。

(连一连参考图解:扇)

【原文欣赏】

【注释】

日—月:太阳—月亮。交—接:移交—接替。

昼—宵:白天—黑夜。光—冥:明亮—昏暗。

【大意解说】

tài yáng hé yuè liang zài dì qiú shàng kōng jiāo tì yùn xíng dì qiú bái tiān míng liàng
太阳和月亮在地球上空交替运行。地球白天明亮,
yè wǎn hūn àn
夜晚昏暗。

【连一连】

冥

日　光

月　宵

交　昼

接

【故事】

影子早晚长，午时短

张衡小时候养成了观察自然和思考问题的习惯。有一次，他和母亲一起上山劳动。外出时正巧碰到旭日东升，他不经意间发现了自己长长的身影。不知不觉到了中午，母亲和他劳动了一个上午后准备回家。小张衡跟在母亲身后，高高兴兴往前走着。"咦？自己的身影哪儿去了？"他不禁自问道。他转身一看，身影缩成了一小团，就躲在脚底下。张衡十分惊讶，忙问母亲为何会这样。母亲说这是由于到了中午太阳升到天空最高处，影子就变短缩成了一团，若是到了傍晚太阳要落山时，影子还会变得更长。回到家里，张衡还一直关注着影子长度的变化。果然到了傍晚时分，身影又变得像早晨时那样长长的。张衡亲自验证了影子的变化规律，非常高兴。

（连一连参考图解：月亮）

【原文欣赏】

【注释】

朝—夕、旦—暮：早晨—傍晚。比喻短暂的时间。

晓—暝：拂晓—黄昏。晨—昏：早晨—黄昏。

古人把日出时叫旦、早、朝、晨，日落时叫夕、暮、昏、晚，所以古文里旦夕、朝暮、晓暮、晨暮、昏旦并举。

【大意解说】

从早晨到傍晚，人们每天历经清晨天明到黄昏暗暝。

【连一连】

        旦   暮

          朝

      夕 暝 晓

       晨   昏

【故事】

朝出暮归,呕心作文

唐朝诗人李贺写诗作文时,总要经过仔细的观察和深刻的构思,从不凭空捏造、捕风捉影来造作。他十分注意观察生活,捕捉身边的创作素材,激发灵感,锤炼文字,提升诗句的思想内涵。他常常一大早就骑上家里那匹瘦小的马儿外出游历,每有所见闻或心得体会,就把它记录下来,投入随身带的布袋里。晚上回家以后,他从布袋里取出所记的纸条,将它们整理成佳句诗文,再放入另一个布袋里,这才安心地去吃饭休息。母亲常常见到儿子背着一袋纸条回来,又每天整理到深夜,心疼地说:"孩子啊,你要把心呕出来吗?"这样的生活阅历使李贺的创作水平跃上了一个新台阶,他终于形成了自己独特的创作风格,写出了许多别具一格的不朽佳作。

(连一连参考图解:旦)

【原文欣赏】

【注释】

燃—熄、着—灭：燃烧—熄灭。

亮—暗：明亮—阴暗。朗—昧：明朗—幽暗。

【大意解说】

火是人类文明的标志。世界各民族都有取火的神话传说，表现人类战胜黑暗和愚昧的英勇精神。着火燃烧，熄火燃灭。有光的地方明朗，无光的地方晦昧。

【连一连】

燃　　　　　昧

暗　　　　　亮

熄　　　　　灭

着　　　　　朗

【故事】

让阳光照亮黑暗的井里

从前,有个叫董辉的孩子跟妈妈到井边打水。妈妈低头提水时,一不小心,头上的簪子瞬间滑入了井里。她赶忙找来一根竹竿,绑上铁抓,伸到井里去捞。井里黑乎乎的,什么也看不清,瞎捞了半天也没捞出什么东西来。妈妈有些失望了,抬头望了一下炽热的太阳,说:"要是阳光能射入井里该多好!"听到妈妈这句话后,董辉马上想到,镜子不是可以反光吗?于是他跑回家,抱来一面镜子,往井里照,可是光线怎么也照不进笔直的井里。他又抱来另一面镜子,将它斜放在井台边朝上。这样,两面镜子一对照,阳光拐了两道弯,进入了井里。井里被照得明晃晃的,借助这束强光,妈妈很快就把簪子捞了出来。董辉善于用生活常识来解决问题,值得我们去学习。

(连一连参考图解:星星)

【原文欣赏】

【注释】

东—西：东方—西方。南—北：南方—北方。
前—后：前面—后面。左—右：左面—右面。

【大意解说】

_{tiān dì sì fāng} _{dōng xī nán běi} _{shì wù sì miàn} _{qián hòu zuǒ yòu} _{zǎo chén miàn}
天地四方，东西南北。事物四面，前后左右。早晨面
_{xiàng tài yáng} _{qián miàn shì dōng} _{hòu miàn shì xī} _{zuǒ miàn shì běi} _{yòu miàn}
向太阳。前面是东，后面是西，左面是北，右面
_{shì nán}
是南。

【连一连】

　　　　　　南　　北

　　右　　　左西　　东

　　　　　　后　　前

【故事】

左右颠倒，算法加速

史丰收上小学二年级时，有一天上算术课，他向老师提出了一个问题："算术能不能从左向右算起、从高位向低位算起？"此时老师没有嘲笑他，而是鼓励他说："几千年来算法都是从低位算起，这是前人发明的产物，你要是有能力，也可以发明出新的算法来。"一番话让史丰收对这个问题产生了浓厚的兴趣。经过十多年的刻苦钻研、大量计算和反复验证，他终于发明出一种速算法，后来被命名为"史丰收速算法"。

史丰收打破了人类几千年来算术从低位算起的传统方法，创造性地建立了一套从高位算起的算法体系，使算术的读、写、算的顺序一致。这表明，任何社会问题都有多种解法，除了前人的创造外，还可以探索和创造出更好、更便捷的方法。

（连一连参考图解：横"中"）

【原文欣赏】

【注释】

上—下：上面—下面。内—外：里面—外面。
中—边：中间—边缘。心—旁：中心—旁侧。

【大意解说】

kōng jiān wèi zhì hái yǒu shàng xià　nèi wài guān xì　tā de zhōng xīn chēng wéi zhōng
空间位置还有上下、内外关系，它的中心称为中
yāng　wài wéi chēng wéi biān páng
央，外围称为边旁。

【连一连】

上　　　　心

　　　旁

下　　　　边

　　内　中
　　　外

【故事】

空中楼阁，愚人造楼

从前，一位有钱人非常愚蠢。有一次，他到另一位有钱人的家里做客，见到主人家三层的顶楼视野宽阔，亮丽堂皇，心里很羡慕，就产生这样的念头："我有许多钱财，不比他少，为何也不盖一座像他这样的高楼呢？"回家后，有钱人立即叫来师傅，问："你能盖像他家那样高大的房子吗？"师傅回答说："那座楼房是我盖的。"有钱人便说："那你就给我盖一座像他那样的高楼吧。"第二天，师傅开始打地基，傍晚准备休工。有钱人见了，奇怪地问："师傅想怎样盖？""先盖下层。""我不想要下面的两层，只要第三层就可以了。"师傅很惊讶："哪有不盖下层而能盖出上层来的？"有钱人仍坚持己见。周围的人听说后大笑不止。

（连一连参考图解：心）

【原文欣赏】

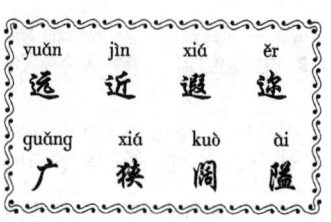

【注释】

远—近、遐—迩：分别表示距离长和短。

广—狭：广阔—狭隘。阔—隘：宽广—狭窄。

【大意解说】

（距离）长而远，短而近。（地势）宽广辽阔，狭隘逼仄。

【连一连】

远　　　　　近

　　　　隘

　　　阔

　　　　　　　遐

　　　狭

　　广　　　　迩

【故事】

两小孩辩日,孔子为不知

春秋时期,教育家孔子东游,路上遇到两个小孩在争辩,孔子问他们争辩的原因。

一个小孩说:"我认为太阳刚升起时比中午时离人近些。要不太阳怎么刚升起时大如车盖,而到了中午时分却小如盘子,这难道不是因为太阳离人远才小、离人近才大吗?"

另一个小孩说:"太阳刚升起时我们不觉得暖和,而到了中午却热得受不了。这难道不是因为太阳离人近才暖和、离人远才凉快吗?"

孔子听完两人各执一词的说法,难以判断谁对谁错,表示不知道。

两个小孩笑着说:"大家还说你知识渊博呢,你却连这件事情都不能判断。"

(连一连参考图解:道路由宽变窄)

【原文欣赏】

凸 凹 隆 陷
顶 底 峰 谷

【注释】

凸—凹：凸出—凹下。高于周围为凸，低于周围为凹。

隆—陷：隆起—塌陷。顶—底：顶部—底部。峰—谷：高峰—低谷。

【大意解说】

地面凸凹起伏，隆起沉陷。地壳在隆陷运动中造成地表凹凸。山脉的凸顶处为峰，凹底处为谷。

【连一连】

凸 凹

峰 谷 隆 陷

底 顶

【故事】

地上坑易填，心中坑难平

清代文学家刘蓉年少时在一间斗室里读书。每遇到不懂的地方就昂首思考，想不出时就在室内踱步。这室内有一个小窟窿，若不小心脚就会陷进去。起初，刘蓉感到很别扭，可时间一长也就习惯了。

一次，父亲来到斗室，发现地面上有个窟窿，叫人把它填平了。刘蓉踱步至此，感觉地面好像突然隆起似的，心里一惊，低头细看，地面却是平坦的，刘蓉很别扭地走了一些日子后才逐渐地适应。

从这件事上，刘蓉感慨地说："唉！习惯对人的影响是非常大的。双脚习惯踏在平地上，便不能适应窟窿；时间一长，踩窟窿像踩平地一样，以至把长久以来的窟窿填平，恢复它原来的样子，却认为碍脚而感到不适。所以，君子做学问，贵在慎重地对待开头。"

（连一连参考图解：凸）

【原文欣赏】

tiān dì shān zé
天 地 山 泽
léi fēng shuǐ huǒ
雷 风 水 火

【注释】

天—地：天空—陆地。山—泽：山丘—沼泽。雷—风：迅雷—疾风。比喻巨大的声威。水—火：水—火。比喻灾难、艰险或不能相容的对立物。

【大意解说】

tiān dì què dìng shàng xià wèi zhì　　shān zé qì xī xiāng tōng　　léi fēng xiāng pò ér dòng
天地确定上下位置，山泽气息相通。雷风相迫而动，
shuǐ huǒ bù xiāng yàn wù
水火不相厌恶。

【连一连】

　　　　　　　泽
　　　　　雷
　　　　　　　　水
　　　地

　　天　　山　　风　　火

【故事】

不闻天上人,但问地下人

宋朝文学家苏轼八岁时入乡塾读书,他勤学好问,关心世间大事。

有一天,苏轼在乡塾老师那里读到一首歌颂范仲淹、欧阳修等诗人革新朝政的诗文。他读了之后非常钦佩诗文里提到的革新人物,就好奇地问老师这些是什么人物。老师见他还很小,随口说:"小孩子不必了解这些人物。"苏轼反问道:"难道他们是天上的人物?那我就不必去了解了。若是地上的人物,为何不可以了解呢?"老师见他出语不凡,告诉他说:"他们是社会的精英,人中大丈夫。"从此之后,小苏轼心中特别仰慕这些人,并以他们为榜样努力学习。长大后苏轼同欧阳修一样,成为我国历史上有名的文学家和政治家。

(连一连参考图解:山)

【原文欣赏】

【注释】

雨—旸:雨—晴。浸—晒:泡—暴。

湿—干:潮湿—干燥。润—燥:湿润—干枯。

【大意解说】

雨天浸泡,晴天暴晒。空气潮湿,润泽万物;空气干燥,万物枯萎。

【连一连】

雨　　　浸润　　　湿

　　旸　　燥　　晒干

【故事】

知轻重缓急，承皇位有为

辽太宗耶律德光自幼机敏多智谋。有一次，他们一家人围着篝火取暖。木柴将燃尽时，父亲阿保机让他们三兄弟赶快去捡些木柴续上。不一会儿，耶律德光先抱回一大捆木柴，有干有湿。他先把干的挑出，放进篝火中，使火烧旺起来，然后把湿的放在篝火旁烤着。过了一会儿，哥哥也回来了，他抱回一捆干柴，显然是经过挑选和捆扎好后才抱回来的。弟弟最后回来，他只是抱回少许的湿柴。

对于这件事，他们的父母认为，老大忠厚细致，老三狡黠，好吃懒做，老二聪明睿智，考虑事情全面周到，能分清事情的轻重缓急，将来定能干出一番大事业。在父亲的精心培养下，耶律德光继承了父亲的皇位，后来成为历史上有作为的皇帝。

（连一连参考图解：来回水波）

【原文欣赏】

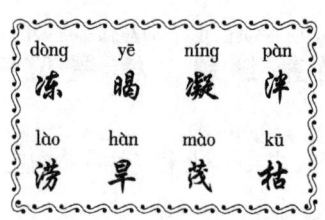

【注释】

冻—旸：寒—热。凝—泮：凝结—融解。

涝—旱：水涝—干旱。茂—枯：繁茂—枯萎。

【大意解说】

天寒时水汽凝结，天热时冰凌融解。水涝时草木繁茂，干旱时草木枯萎。

【连一连】

凝　　泮

冻　旸　涝　旱

枯　茂

【故事】

怎样留下闪亮的足迹

1899年,爱因斯坦就读于瑞士苏黎世联邦工业大学。他问导师明可夫斯基:"一个人究竟怎样才能在自己短暂的人生道路上留下闪光的足迹?"

明可夫斯基没有正面回答他的问题,而是拉着爱因斯坦的手朝一处正在浇灌水泥的工地走去,并且径直踩上刚铺平的水泥面上。施工人员见状,对他们大声呵斥起来。爱因斯坦如坠雾中,不明所以,问:"老师,您这不是让我遭人唾骂吗?""对,做事要这样!"导师说,"看到没有?只有踩在即将凝固的水泥路面上,才能留下你的足迹。那些处于泮浆状态或已凝固的路面上、被众多人踩过的地方,是无法留下难以磨灭的足迹的。"难堪之际,爱因斯坦恍然大悟,明白了导师的意思。

(连一连参考图解:船)

【原文欣赏】

【注释】

涌—没：涌现—埋没。浮—沉：上浮—下沉。
涨—落：上涨—下落。腾—降：腾升—降落。

【大意解说】

水涌起轻物上浮，反之埋没下沉。上涨时腾升，下落时堕降。

【连一连】

涌　　浮　　涨　　腾

没　　沉　　落　　降

【故事】

曹冲称象

三国时期,曹冲五六岁时,吴国孙权送来了一头大象。曹操带着文武大臣前去观看。大象之大,令人咋舌。曹操想知道这头大象有多重,可那时候没有那么大的磅秤,无法直接称出大象的重量,便询问身边的大臣,但无人站出来应答。

不一会儿,在旁的小曹冲有了主意,他对父亲说:"先把大象牵到一艘小船上,在水面所达到的船位刻上标记,然后牵下大象,让小船装载其他小块东西,当它的水面也达到记号位置时,称一下这些小块东西的重量。这样,经过合计不就可以算出大象的具体重量了吗?"

曹操听了非常高兴,就照着这个办法,果然称出了大象的重量。

(连一连参考图解:波浪状)

【原文欣赏】

【注释】

辟—翕：开—合。导—堵：疏导—堵塞。

通—塞：疏通—阻塞（sè）。畅—滞：流畅—凝滞。

【大意解说】

开辟渠道疏导水流，合围溢水堵塞漏洞。流水疏通则畅流；反之，阻塞则滞留。

【连一连】

辟　　　滞

堵　　通

翕　　导　塞　畅

【故事】

李冰父子治水

岷江从巍峨的雪山奔流急下，到四川灌县地区又进入平川之地。这里地形复杂，加之泥沙淤积，使得航行十分困难，在洪水季节时常泛滥，出现了西边洪水肆虐、东边缺水干旱的现象，百姓深受其害。

秦朝蜀郡太守李冰到任后，亲自实地考察，乘势利导、因时制宜地建造了都江堰。他们从设计、施工到效果都是十分注重科学，制定了"深淘滩，低作堰，逢正抽心，遇角截弯"的治水方法。定期深淘江底淤积的泥沙，以保证内江有足够的水量；堤堰不能筑得太高，以免影响内江水的溢泄，以保证内江不发生洪灾。这样，都江堰成功地控制内外江水量，解决西涝东旱的弊病，方便了交通、灌溉和防洪，把原来的灾害地区变成了"天府粮仓"。

（连一连参考图解：梯形坝和涵洞）

【原文欣赏】

蓄 xù　排 pái　清 qīng　浑 hún
洁 jié　污 wū　净 jìng　秽 huì

【注释】

蓄—排：蓄储—排出。清—浑：清澈—浑浊。

洁—污：干净—肮脏。净—秽：洁净—污秽。

古人云：贪吏不可为者，污且卑；廉吏可为者，高且洁。蠲浊而清流，废贪而立廉。

【大意解说】

蓄储清水（xù chǔ qīng shuǐ），排出浑水（pái chū hún shuǐ）。清洁净化（qīng jié jìng huà），肮脏污秽（āng zāng wū huì）。

【连一连】

蓄　　　污
　排　　洁　净
　　　秽

清　　浑

【故事】

别人不是自己的镜子

有位学生向爱因斯坦请教学逻辑有什么用途?爱因斯坦没有正面回答他的问题,而是问他:"假如有两个人从烟囱里爬出来,一个很干净,一个很肮脏,你认为哪个人会主动去洗澡?"

"当然是那个很脏的人会去洗。"学生说。爱因斯坦又问道:"是这样吗?那个很脏的人见对方干干净净,还自以为干净也不肮脏,怎么会主动去洗澡呢?"

"这样看来是那个干净的人会去洗澡了。"学生恍然大悟。

这则故事从另一个侧面说明:只有自己才是自己的镜子;如果拿别人做镜子,天才或许会把自己照成白痴。

(连一连参考图解:带口的杯)

二 生活和劳作

　　黎明即起,洒扫庭除,要内外整洁,既昏便息,关锁门户,必亲自检点。一粥一饭,当思来处不易;半丝半缕,恒念物力维艰。宜未雨而绸缪,毋临渴而掘井。自奉必须俭约,宴客切勿流连。刻薄成家,理无久享;伦常乖舛,立见消亡。兄弟叔侄,须多分润寡。长幼内外,宜法属辞严。嫁女择佳婿,毋索重聘;娶媳求淑女,毋计厚奁。

朱柏庐(清)

　　见老者,敬之;见幼者,爱之。有德者,年虽下于我,我必尊之;不肖者,年虽高于我,我必远之。慎勿谈人之短,切莫矜己之长。仇者以义解之,怨者以直报之,随所遇而安之。人有小过,含容而忍之;人有大过,以理而谕之。勿以善小而不为,勿以恶小而为之。人有恶,则掩之;人有善,则扬之。

朱熹(宋朝)

【原文欣赏】

【注释】

祖—孙：爷爷—孙子。父—子：父亲—儿子。
舅—甥：舅舅—外甥。叔—侄：叔叔—侄子。
常言道：爹亲叔大，娘亲舅大。老哥比父，老嫂比母。

【大意解说】

祖、父、子、孙三代人。长辈舅舅叔叔，晚辈外甥侄子。

【连一连】

祖　　孙

　　父

　　　　侄

　　叔

甥　　　子

　　舅

【故事】

符号代替,化难为易

爱因斯坦的叔叔是一位技术工程师,善于用数学方法来解决技术和生活中的难题,每当小爱因斯坦来找他请教难题时,他总是用通俗易懂的语言把数学思想方法介绍给他这位爱动脑筋的侄儿。

一天,小爱因斯坦看到叔叔在稿纸上写着一大堆符号,就问它们是什么。叔叔解释说:"这是代数符号。在数学里有许多不容易解决的问题,要计算又很不容易,而这些符号能帮人们解决计算中的问题。我们用它们来表示未知数,然后建立代数关系,再来寻找它们的答案,这样就可以轻而易举地算出它们了。"叔叔很喜欢爱因斯坦,送给他一本有代数问题的书,爱因斯坦很快就迷上了,并且学会了用代数去解决书本和生活中的问题。

(连一连参考图解:草书"子")

【原文欣赏】

【注释】

爹—娘：爸—妈。"爹娘"相对于"爸妈"而言更具地方性，是方言词。椿—萱：父亲—母亲。椿：传说中的一种长寿树，比喻父亲。萱：古代指种在北堂使人忘忧的萱草，比喻母亲。考—妣：先父—先母。考妣原指父母，后多指已死的父母。

【大意解说】

爸妈就是亲爹亲娘。父母好比椿树萱草。

【连一连】

考

娘　萱

爹

爸妈　　椿　　妣

【故事】

子路百里负米

子路,春秋时期鲁国人。小时候子路家里很穷,常以粗劣的饭菜度日。家里没有米,又远离集市,年迈的父母无法赶集去买米。为了让双亲吃上大米,小小的子路必须赶到百里之外的集市买米,然后再背着米赶回来。一次又一次,一年又一年,直到父母先后离世为止。长大后,子路南下到楚国任职,优厚的待遇让他过上了富裕的生活。但他仍念念不忘已过世的双亲。他对孔子说:"过去在家侍奉双亲时,自己常以粗劣的饭菜为食,但要从老远的地方背米回来给他俩吃。现在即使我再愿意吃粗劣的饭菜,为父母背米,也没法如愿以偿了。"孔子赞扬说:"你侍奉双亲,可称得上生时尽力死后尽思啊!"这则故事成为子女孝顺父母的典范,流传千古。

(连一连参考图解:台阶式"m")

【原文欣赏】

兄 弟 姐 妹
娣 姒 妯 娌

【注释】

兄—弟：哥哥—弟弟。姐—妹：姐姐—妹妹。兄弟姐妹指有共同父亲或母亲的人。较自己年长的男性为兄、女性为姐。比自己小的男性为弟、女性为妹。最年长的称大哥或大姐，余下按排行次序称呼。娣姒即妯娌，弟兄的妻子之间的关系。

【大意解说】

哥哥弟弟，姐姐妹妹。弟妻和兄妻之间的关系就是娣姒或妯娌。

【连一连】

姐

兄　妹　弟　妯　姒

娣　娌

【故事】

四海皆兄弟，亲情满世界

俄国作家屠格涅夫在街上走着。突然，一个衰弱的老乞丐挡住了他的去路。老乞丐伸着一只红肿的、肮脏的手，喃喃地乞求帮助。作家翻遍自己身上所有口袋，却什么也没有找着。他随身没有携带任何东西。但可怜的老乞丐仍一直伸着那只不断颤抖的手，等待着。屠格涅夫不知所措，只好伸出双手，紧紧地握住对方这只肮脏的手，不好意思地说："兄弟，请不要见怪，我什么也没有带。"只见老乞丐那双红肿的眼睛突然亮了起来，发青的嘴唇也微笑了起来。接着，他又伸出另一只手紧握着作家变冷起来的双手，吃力地说道："怎么说呢，兄弟，这也应当谢谢啦。这是世上最好的施舍啊！"屠格涅夫明白，他也从乞丐那儿得到了世上最宝贵的施舍。

(连一连参考图解：双圈线)

【原文欣赏】

【注释】

岳—婿：二岳—女婿。岳：岳父和岳母。

婆—媳：婆婆—媳妇。哥—嫂：哥哥—嫂子。

姑—嫜：丈夫的母亲—丈夫的父亲。

【大意解说】

二岳女婿，婆婆媳妇。哥哥嫂子，公公婆婆。

【连一连】

　　　　　　　媳

　　　　　　　　　　姑

　　婿　　　　哥

　　　婆　　　　嫂

　　岳　　　　　　　嫜

【故事】

兄弟相依,兄嫂和好

汉朝谋士陈平很小的时候就失去了双亲,依靠从事农业生产的大哥生活。大哥悉心照顾他,并供养他读书。而陈平不务农事只顾读书的做法,为大嫂所鄙视。

为了避免兄嫂产生矛盾,陈平一直默默地忍受大嫂的羞辱。大嫂不但没有收敛,反而变本加厉,迫使陈平离家出走,后被大哥追了回来。大哥认为养活小弟是自己应尽的责任,妻子不能与他尽责,不利于兄弟和好,准备要休弃妻子。陈平知道后,不计前嫌,力阻大哥休弃嫂子,这在当地传为佳话。

不久,邻村有位老先生,慕名前来,免费收陈平为徒弟,教他军事谋略。陈平学成之后,和萧何等人一起辅佐刘邦,建立了新王朝。

(连一连参考图解:泰山,代表岳父)

【原文欣赏】

【注释】

鸳—鸯：原指兄弟，后来比作夫妻。

男—女：男人—女人。娶—嫁：娶入—嫁出。

婚—姻：妇之父母与夫之父母相谓为婚姻。亲家之间，女方的父亲叫"婚"，男方的父亲叫"姻"。

【大意解说】

一对如鸳鸯般的男女伴侣。男娶女嫁，结成夫妻。

【连一连】

鸯　　　婚

男　　鸳　姻　　嫁

女

娶

【故事】

婚姻的楷模,不朽的典范

周恩来和邓颖超是举世公认的模范夫妇。在长达半个多世纪的爱情和婚姻生活中,他俩风雨同舟,相濡以沫,共同奉行着"互敬、互爱、互信、互勉、互助、互让、互谅、互慰"的"八互原则",在生活中互相敬重,互相爱护,互相信任,遇困难时互相勉励,互相帮助,遇矛盾时互相谦让,互相体谅,互相安慰,堪称恩爱夫妻的典范。

邓颖超说:"我们的爱情是深长的,是永恒的。我们从来没有感觉彼此有什么隔阂。我们是根据我们的革命事业、我们的共同理想相爱的,后来又发现我们有许多共同的爱好,这也是我们生活协调的一个条件。"周恩来和邓颖超之间的爱情,令世人动容,成为后人广为传颂的佳话。

(连一连参考图解:心)

【原文欣赏】

【注释】

夫—妇：丈夫—妻子。唱—和：倡议—附和。

老—少：老年人—年轻人。遗—承：遗留—继承。

【大意解说】

夫妇思想保持一致，家庭才能和谐合力。老一代遗留给少一代继承。

【连一连】

夫　　　　　　　　承
妇　　老　和　遗

唱　　　少

【故事】

少年易老学难成

南宋理学家朱熹年老时，散步经过一所学堂。他看到一群学童离开学堂在外打闹戏耍，又见深秋的梧桐黄叶随风飘落，不禁感慨道："少儿的岁月容易消逝，学问却难以完成，所以每寸时光都要珍惜，不能轻易浪费。还没察觉到池塘里春意盎然的绿草，台阶前的梧桐叶已在秋风中瑟瑟作响。"为了劝告学童珍惜读书时光，努力向学。朱熹触景生情，由感而发，吟唱了一首《劝学》诗："少年易老学难成，一寸光阴不可轻。未觉池塘春草绿，阶前梧叶已秋声。"

这首诗语言通俗易懂，说理明确，学童们听了很受教育，争相传诵，并被他们记录下来，作为鞭策自己学习的座右铭。

（连一连参考图解：心相连）

【原文欣赏】

【注释】

管—惯:管束—纵容。礼—滥:规矩—放肆。
孝—孽:孝顺—忤逆。养—伤:养护—伤害。

【大意解说】

受管教者规矩,受骄纵者恣肆。孝子养护父母,不肖之子伤害其亲。

【连一连】

管　　惯养　　伤

礼　　　　孽
　　滥孝

【故事】

管教成状元，骄惯成乞丐

文龙、文凤分别是丁家兄弟的孩子。他俩同年同日出生。满月这天，自称精通卦术的舅老爷为他俩算了命，断定文龙一生贫贱，终生是乞丐命，文凤一生富贵，终生是状元命。文龙的母亲不信命，她含辛茹苦，严格管教孩子，文龙敦品砺学，最后中了状元。文凤的父母深信不疑，因而对独子娇生惯养，百般溺爱，文凤不仅荒废了学业，还染上不良的恶习，结果沦为乞丐。文龙在上任的路上，偶遇到了正在乞讨的文凤。人们笑说舅老爷算得真准，果然一个中了状元，一个沦为乞丐。只不过，乞丐命中了状元，状元命反而沦为乞丐。舅老爷知道事实真相后，感慨地说："今日之事应以为训，乞丐命发奋而中状元，状元命失足而成乞丐，可见，人怀壮志，无运亦能自通啊！"

（连一连参考图解：羊头轮廓，羊代表孝顺和礼貌）

【原文欣赏】

【注释】

亲—仇：亲爱—憎恨。尊—卑：尊贵—卑贱。
恩—怨：恩爱—仇恨。爱—恨：喜爱—憎恨。

【大意解说】

人往往视亲人为尊贵，视仇人为卑贱。恩惠容易产生亲爱，怨恨容易滋生不满。

【连一连】

怨　　　卑
　　恩
　爱
亲
　　仇　　尊　　恨

【故事】

牢刻记恩德，消失忘怨仇

叙利亚作家阿里·加南，有一次和吉伯、马沙两位好友一起远足旅行。三人行经一处空山谷时，马沙不慎失足滑落，幸好吉伯拼命拉他，才将他救起。马沙非常感激，就在附近的一块大石头上刻下了一行字："某年某月某日，吉伯救了马沙一命。"三人继续走了几天，来到一条小河边，吉伯和马沙为了一件小事争吵起来，吉伯一气之下扇了马沙一记耳光，马沙气愤地跑到河滩上又写下了一行字："某年某月某日，吉伯扇了马沙一记耳光。"当他们回来之后，阿里好奇地问马沙：为什么把吉伯救你的事刻记在石头上，而将他打你的事写在河滩上？马沙回答说："我永远都会感激他救我的事。至于他打我的事，我会随着河滩上字迹的消失而忘得干干净净的。"

（连一连参考图解："心"丝带）

【原文欣赏】

【注释】

诚—诈：诚实—欺诈。信—伪：诚实—虚伪。
恭—傲：恭敬—傲慢。敬—慢：尊重—怠慢。

【大意解说】

诚实的人坚守信用，虚伪的人信奉欺诈。恭敬的人尊重他人，傲慢的人鄙视他人。

【连一连】

诚
　　诈
信　恭
伪　傲
　　敬
　　慢

【故事】

认真的波尔

丹麦物理学家波尔小时候是一位行动缓慢但做事专心的孩子。有一次上美术课,老师让他们画自家的房子。过了一会儿,小波尔突然要求回家去数柱子。人们发现,波尔所画的柱子与他家的一根不少。这种精准执着的精神一直伴随波尔的成长。上中学时,波尔指出了物理课本里存在的错误。读大一时,他发现哲学家霍夫丁教授所著的逻辑学课程里存在的悖论,老教授诚恳地接受指正,并对波尔严密的逻辑思维能力大加赞赏。

1927年,波尔在提出量子"互补原理"之后,便与当时著名物理学家爱因斯坦针对量子力学意义展开了终身论战,成为哥本哈根学派的创始人,对20世纪物理学的发展产生了深远的影响。

(连一连参考图解:甲骨文"人"的形意,表示恭敬)

【原文欣赏】

泰 骄 谦 满
恬 悯 容 迫

【注释】

泰—骄：舒泰—骄横。谦—满：谦虚—骄傲。
恬—悯：安然—忧愁。容—迫：从容—急迫。

【大意解说】

平和的人谦虚，骄傲的人自满。安然的人行事从容，忧愁的人行事急迫。

【连一连】

骄
满
谦
迫　泰
恬　　　　　容
悯

【故事】

唐伯虎学画

明朝画家唐伯虎从小喜欢绘画,并显示出超凡的才华。但是小伯虎不满足自己的画画水平,遂拜当地著名画家沈周为师学习画画。凭借自身扎实的绘画功底和刻苦勤奋的练习,唐伯虎很快提高了绘画技艺,得到老师和众人的夸赞。渐渐地,一向谦虚的唐伯虎滋生了骄傲自满的情绪,以为自己的绘画水平已经超过老师了。这让老师非常担忧。一次师徒两人在屋内吃饭,十分闷热,老师让唐伯虎去开窗透透风。当唐伯虎伸手去推窗户时,发现那窗户竟是老师的画作。唐伯虎一时羞愧不已,功夫还是没有到家,于是向老师道歉,要求继续学习。从此唐伯虎老老实实地作画,不敢再有骄傲之心,并且不断地拜访名师,最终成为一代大画家。

(连一连参考图解:朝天鼻)

【原文欣赏】

【注释】

主—客：主人—宾客。迎—送：迎接—送别。
你—我：对方—自己。逢—别：相逢—辞别。

【大意解说】

主人客人，迎来送往。天下没有不散的宴席，你我相逢之后终究要分别。

【连一连】

送

迎　　　我

你

客　　逢
主　　别

【故事】

赠汪伦

唐朝汪伦仰慕李白,非常喜欢李白的诗。汪伦听说李白客居邻村,便写信邀请李白来家里做客。信上说:"先生喜欢游玩吗?这里有十里桃花。先生喜欢喝酒吗?这里有万家酒店。"李白收到信后,便欣然应允前往。可是一到那儿,却没有见到任何桃花和酒店。汪伦盛情地款待了李白,并坦诚地对他说:"桃花者,是十里外潭的水名,并不是十里桃花;万家者,是开酒店的主人姓万,并没有万家酒店。"李白听后哈哈大笑,两人就这样成为好朋友。李白临行时,汪伦踏歌相送。李白深为感动,于是诗兴大发,作了《赠汪伦》诗一首:"李白乘舟将欲行,忽闻岸上踏歌声。桃花潭水深千尺,不及汪伦送我情。"从此,汪伦的名字也随这首诗的流传而广为人知。

(连一连参考图解:招手势)

【原文欣赏】

【注释】

聚—散：聚集—分散。合—离：结合—分离。
取—舍：选择—舍弃。留—去：留下—离去。

【大意解说】

人之间难免聚合离散。纠结在留取和舍去之间。

【连一连】

　　　　　　　　　　舍

　　　　留　　去离　　取

　　　　　　　聚 合
　　　　　　　散

【故事】

农民过河

有位农民,带着一条狗、一只兔子和一棵大白菜来到河边,想要划船到对岸去。但船太小,如果把狗、兔子和大白菜全部带上船,就会超重,船可能就要下沉。农民一次只能带这三样东西里的一样上船。可是,如果离开农民的照看,狗就会咬兔子,兔子就会啃大白菜。这位农民能不能利用小船安全地将狗、兔子和大白菜一样一样地运过河去呢?

农民先把兔子送去对岸,留下狗和大白菜;回来后,再把狗送去对岸,把兔子随船带回来;然后再把大白菜送去对岸;再回来一趟,最后把兔子带过河去。这样来回走四趟就可将狗、兔子和大白菜顺利地送到对岸去。

(连一连参考图解:伞)

【原文欣赏】

【注释】

人—己：别人—自己。尔—吾：你—我。

群—独：成群—单独。邻—孤：邻伴—孤独。

孔子曰：德不孤，必有邻。己欲立而立人，己欲达而达人。己所不欲，勿施于人。

【大意解说】

bié rén hé zì jǐ　　nǐ hé wǒ　　chéng qún yǒu lín bàn　　zì dú chéng dān gū
别　人　和　自　己，你　和　我。成　群　有　邻　伴，自　独　成　单　孤。

【连一连】

人

己

尔

吾　　独

邻

群　　　　孤

【故事】

屠呦呦立志，治己救人

生物学家屠呦呦16岁时不幸染上了肺结核，被迫休学在家调养。经过两年多的治疗，屠呦呦的病情得以好转并继续上学。这段患病经历，使屠呦呦对中医药学产生了浓厚的兴趣和憧憬。她说："高中时身患肺结核后被治愈的经历，已让我少年时对医学心向往之。而用药正是治疗疾病的主要手段。医药的作用很神奇，我当时就想，如果我学会了，不仅可以让自己远离病痛，还可以救治更多人，何乐而不为呢？"正是基于治己救人的朴素愿望，屠呦呦立志从事中医研究造福社会。

中学毕业后，屠呦呦如愿考上北京医学院药学系。2015年10月，屠呦呦因发现了青蒿素治疗疟疾的新疗法获得诺贝尔生理学或医学奖。

（连一连参考图解："人"字形）

【原文欣赏】

【注释】

童—叟：小孩—老人。幼—长：年幼—年长。

翁—妪：老夫—老妇。多指老年夫妇。

鳏—寡：老而无妻—老而无夫。

【大意解说】

儿童老人，小孩大人。老夫老妇，鳏夫寡妇。

【连一连】

长　翁

幼　妪

叟　鳏

童　寡

【故事】

幼年所学,受用到老

1978年的一天,75位诺贝尔奖获得者在法国首都巴黎聚会。

精英荟萃,大家未免对他们的求学之路产生好奇。有位经验丰富的记者问其中一位年老的诺贝尔获得者:"您认为一生中最重要的东西是在哪所大学学到的?"

老人不假思索地说:"幼儿园。"

记者感到非常诧异,继续追问道:"为什么是在幼儿园呢?您认为您在幼儿园里学到了什么东西?"

老人微笑地回答说:"在幼儿园里,我学到了许多东西,比如与小伙伴分享、不是自己的东西不要拿、东西要放整齐、吃饭前要洗手、做错事要诚恳地道歉、午饭后要休息、要仔细地观察大自然等。从根本上说就是养成了良好的生活习惯。"

(连一连参考图解:不倒翁)

【原文欣赏】

【注释】

漂—泊：漂流—停泊。跋—涉：跋山—涉水。
仆—偃：前仆—后偃。蹶—振：受挫—提振。
马克思说：在科学上没有平坦的大道，只有不畏劳苦沿着陡峭山路攀登的人，才有希望达到光辉的顶点。

【大意解说】

piāo bó zài wài　　bá shān shè shuǐ　　qián pū ér hòu yǎn　　shuāi dǎo hòu fèn qǐ
漂泊在外，跋山涉水。前仆而后偃，摔倒后奋起。

【连一连】

蹶

振

偃　跋　漂泊　涉

仆

【故事】

你到处漂荡,何处能停泊

战国时期,齐国的孟尝君准备接受秦昭王的邀请去秦国任职,他的宾客们都表示反对,纷纷规劝他,他却不听大家的意见,执意要去秦国施展才华。

门客苏代对他说:"今早我从外地回来,在淄水河畔听到一个木偶人与一个土偶人在谈话。木偶人对土偶人说:'如果天一下大雨,你就很难保全自己了。'土偶人回答说:'不对,我本来是由泥土做成的,即使被雨水冲毁了,我还是泥土。可如果天真的下起大雨来,你将会被流水冲走,到处漂荡,何处能停泊呢?'当今的秦国,如狼似虎,而您执意要去,一旦回不来,你恐怕会被土偶人嘲笑的。"

孟尝君听后,沉思了片刻,欣然采纳了苏代的建议,就此作罢。

(连一连参考图解:漂鹅)

【原文欣赏】

【注释】

夙—夜：早—晚。兴—寐：起床—睡觉。

起—居：起身—睡觉，起立—蹲下。指日常生活作息。

行—止：行步—止息，行动—停止。指行动或行踪。

善养生者，慎起居，节饮食，导引关节，吐故纳新。

【大意解说】

早起晚睡。生活作息有规律，行为举止有规范。

【连一连】

夙

止

兴　夜　行　居

寐　　　起

【故事】

一屋不扫，何以扫天下

东汉陈蕃，少有大志，以天下为己任，因此他勤奋学习，博览群书，却不注意身边的小事。

陈蕃15岁的时候，曾经独自居住在一个地方，屋子及其周围环境十分杂乱。他父亲的朋友薛勤来拜访他，对他说："小伙子你为什么不整理一下房间来迎接客人呢？"

陈蕃却回答说："大丈夫处世，当以扫除天下为己任，哪能只局限在整理一间房屋呢？"薛勤听了十分生气，立马针锋相对地反问了一句："一屋不扫，何以扫天下！"

陈蕃听了无言以辩，细细思之，觉得叔叔讲得很有道理。从此，他开始注意从小事做起，从身边事做起，最后成为中国历史上有名的丞相。

（连一连参考图解：帆船）

【原文欣赏】

【注释】

裁—缝：裁剪—缝补。衣—裳：上衣—下衣。

系—解：系结—解开。穿—脱：穿上—脱下。

【大意解说】

裁剪、缝补上衣、下裳。试衣要先系结穿好，然后解开脱掉。

【连一连】

衣

缝　　　裳　　　脱

穿　　　系　　　裁

解

【故事】

王戎自救

晋朝王戎三岁时,家人背着他去看元宵灯会。在熙熙攘攘的人群里,王戎被背着看了不久就挤出了人群。他发现自己被背着走在一条偏僻而陌生的小巷里觉得非常奇怪,低头一看,遭了,背他的不是家人。他想起人们说过有拐卖儿童的贼,心想这人肯定是贼,趁人群拥挤、家人没注意时把自己弄到他的背上。王戎十分镇静,不声不响地解下自己头顶上的红头绳,系在贼的帽子上。等过了小巷,走在一条人多的大街上时,王戎大声喊道:"快来捉贼,他是拐卖儿童的贼!"贼一听,扔下王戎,逃之夭夭。几个夜巡的官兵迅速赶来,问那个贼的模样,王戎从容地说:"我在贼的帽子上系了一条红头绳,快去捉住他,别让他跑了!"官兵根据线索,很快将贼捉拿归案。

(连一连参考图解:剪刀)

【原文欣赏】

【注释】

户—牖：门—窗。锁—钥：门锁—钥匙。

开—关：打开—关闭。启—封：开启—封闭。

锁钥（yuè）：开锁的器件，比喻成事的关键所在。喻指在军事上相当重要的地方，如北门锁钥。

【大意解说】

门窗通风采光，锁钥把关护家。打开启用，关上封闭。

【连一连】

户　　　　钥

关　开

启　封

牖　　　锁

【故事】

雨果与钥匙的故事

法国作家维克多·雨果在中学时代就爱上了文学创作,开始写诗歌。他在书桌抽屉里,珍藏着许多写满诗歌的作文本。每次要离开教室时,他总要认真地将抽屉锁好,并保管好钥匙,生怕它们被人拿走。这些诗歌后来成为雨果的处女作。

1830年,雨果正在赶写一部新作。可是烦琐的社交活动占去他许多时间。为了能把精力全部投入写作中去,雨果把除了能保暖的衣物以外的华丽的衣物全部锁在橱柜里,然后将钥匙丢到湖里。就这样,由于无法拿到外出要穿的礼服,他便与外界断绝了一切交往,除了吃饭、睡觉和休息外,一刻也没有离开过写作。几个月后,一部闻名于世的文学巨著《巴黎圣母院》诞生了,它成为世界浪漫主义文学中的珍品。

(连一连参考图解:开关和面板)

【原文欣赏】

【注释】

凿—枘：卯眼—榫头。枢—环：中心—四周。
推—拉：推出—拉进。出—入：出去—进入。
《幼学琼林》曰："两不相入，谓之枘凿；两不相投，谓之冰炭。"

【大意解说】

凿枘契合匹配，枢环配合自如。推开出去，拉起进入。

【连一连】

凿　　　　　　入
　环　　　　推

　　　枘　枢　　　拉　出

【故事】

不能在身后推，而要拉动大家

1944年，时任欧洲盟军最高统帅的艾森豪威尔，将英、美、法等国的军队统合成一支联合作战部队，最终打败了以德国为轴心的法西斯主义军队。

艾森豪威尔所领导的百万盟军，纪律严明，英勇善战，他的成功秘诀在于以身作则。在一次将军领导艺术研讨会上，有人问他是如何统领百万盟军的。艾森豪威尔并没有马上作出回答，而是从裤兜里掏出一根绳子摆放在桌面上。他先用手去推绳子，绳子只是轻微地动了一下。而后他改用手来拉，结果整根绳子都被拉动了起来。演示完毕后，艾森豪威尔微笑地对大家说："领导就是要这样，不能躲在大家身后推，而要以身作则来拉动大家。"话音刚落，全场响起了热烈的掌声。

（连一连参考图解：门框）

【原文欣赏】

【注释】

城—乡：城市—乡村。市—郊：市区—郊区。

阡—陌：分别表示田间南北、东西走向的小路。

行—列：横排—竖排。人物排列的次序，水平（横）的称行，垂直（竖）的称列。

【大意解说】

城镇都市，乡村郊野。道路纵横交错，井然有序。

【连一连】

　　　　　　阡　　行

　　城　　　　　　　　乡

　　市　　　　　　　　郊

　　　　　陌　　列

【故事】

袁隆平的果园之旅

"杂交水稻之父"袁隆平小时候和家人长期生活在城市里,从未切身体验过乡村果园的生活。上小学一年级时,学校组织了一次郊游活动。那时恰逢卓别林主演的电影《摩登时代》在播放,里面有个片段,窗外就是美丽动人的果园,这让袁隆平对乡村果园之旅充满着期待。在果园里,袁隆平果然见到了红红的桃子,串串的葡萄,现实和电影印象的叠加,让袁隆平感觉果园确实太美了。正如袁隆平所说:"从此,每到桃子成熟的季节,我记忆中那个美丽的果园便飘进我的心灵,满园郁郁葱葱,到处是芬芳的花草和一串串鲜艳的果实。我觉得那一切实在是太美丽了!我当时就想,将来我一定要去学农。"后来,袁隆平走上了农业科研之路,成为举世闻名的科学家。

(连一连参考图解:井)

【原文欣赏】

【注释】

肥—硗：肥沃—瘠薄。沃—瘠：肥沃—贫瘠。
稼—穑：种植—收割。栽—伐：栽种—砍伐。

【大意解说】

肥地沃野，贫地荒芜。播撒种子，栽种树苗。收割稻子，砍伐树木。

【连一连】

稼
　　瘠

　　沃　穑

　硗　栽

　肥　伐

【故事】

寇准劝农稼穑致富

北宋时期,年仅19岁的寇准被派到穷乡僻壤、地旷人稀的巴东做县令。在这个依山为田、刀耕火种的贫瘠之地,当地百姓多以狩猎为生,经济十分落后。寇准上任后,不惧高山路远,跋山涉水,遍访农户。在深入了解当地百姓生活之艰苦后,他一方面上奏朝廷,请求减轻当地民众的赋税;另一方面大力发展农业经济。为了劝说百姓弃猎务农,定居稼穑,寇准亲自开荒耕种,指导农民因地制宜地发展农业生产。他还创作了《劝农歌》,在田地路边建了一座亭子,作为传播中原先进农业耕种技术的基地,在县衙内设置了指导农业生产的技术专员。"劝农"政策实施半年后,巴东社会各方面发生了很大的变化,一度出现"无旷土,无游民"的好风貌。

(连一连参考图解:镰刀)

【原文欣赏】

【注释】

挖—填：掏出—塞进。掘—埋：发掘—埋藏。

揭—掩：揭露—掩护。掀—盖：掀开—遮蔽。

【大意解说】

(植树耕种)挖土深掘，填土浅埋。白天气温高要及时揭开掀起，晚上气温低要及时遮掩铺盖。

【连一连】

挖　盖

掘　填　掀　掩

埋　揭

【故事】

宁为种子，不为金子

一位少年困惑地问阿里巴巴创始人马云："我努力学习，成绩也算中上，可在班里还是默默无闻。虽说自认还不是块金子，但我把自己当金子看待，相信是金子总会发光的，可为何还得不到同学们的赏识？"

马云说："你给自己的定位不准确，不要把自己定位为金子，而应把自己定位为一粒种子。金子固然会有发光的那天，但金子是被动的，它不会自动掀掉埋没在它身上的泥土，它需要被挖掘和发现。若永无被人挖掘和发现，金子终将被埋没在土里，永无出头之日。因此，当我们遭遇埋没时，不妨做一粒种子，主动把埋在身上的泥土，当作是激发自己成长的土壤，不断汲取养分，积蓄向上的力量，让自己的梦想生根发芽，用不了几年就能长成一棵高大的树。"

（连一连参考图解：铲子）

【原文欣赏】

【注释】

操—纵：收—放、取—舍。持—置：拿—放。

注—酌：注入—倒出。抬—压：抬高—压低。

【大意解说】

做事有分寸，既能掌握把持，也能放下舍弃。（水）注入则抬高，倒出则压低。

【连一连】

操　　　纵

压　抬　置　持

酌　注

【故事】

器满则覆，酌空则斜

孔子到鲁桓公的庙里参观，看见一只倾斜的器皿，便向守庙人问："这是什么器皿？"守庙人回答说："这是主公放在座位右边警戒自己的器皿。"孔子说："我听说主公座位右边的器皿，酌空时会倾斜，注入一半水时会端正，而注满水时会倾覆。"

孔子对弟子们说："向器皿里注水看看。"弟子们舀水注入。果然，水注入一半时，器皿就端正了；水注满时，器皿就倾覆了；水酌空时，器皿就倾斜了。

孔子感叹地说："唉，哪有满了不倾覆的道理？"子路问："有什么办法来保持满？"孔子回答说："聪明绝顶，要用愚钝来保持它；功盖天下，要用谦让来保持它；勇盖世人，要用胆怯来保持它。富足四海，要用节俭来保持它。这就是克服自满的办法。"

（连一连参考图解：锤子）

【原文欣赏】

【注释】

捡—丢、拾—弃：捡拾—丢弃。

拼—拆：拼合—拆开。装—卸：装配—拆卸。

【大意解说】

捡拾有用的部件，丢弃无用的部件。将有用的部件重装利用，将无用的部件拆开卸掉。

【连一连】

弃 拾

拼 丢

捡

拆 卸

装

【故事】

动手拆拼，早慧成才

美国计算机直销创始人迈克尔·戴尔，小时候很喜欢摆弄各种玩具。家人给他买的玩具，他玩不了多久就被拆得乱七八糟。父亲发现了孩子的爱好，不但没有责骂他，反而让他认识玩具的构造和原理，再把玩具组装好。后来父亲直接带戴尔到自己的电脑室里，让他观看并动手维修电脑。在戴尔14岁生日时，父亲为他买了一台崭新的电脑。为了认识新电脑的装配和工作原理，戴尔将它全部拆开，反复研究后再将它组装好。在父亲的支持和帮助下，戴尔开始自购电脑零部件，将它们改装成功能更强大的电脑。初中毕业时，戴尔已能娴熟地改装电脑了，用低价批量购进电脑零件，并将它们组装后出售。如此不断发展，到18岁高中毕业时，戴尔创办了自己的计算机直销公司。

（连一连参考图解：扫把）

三 经济和民俗

计然曰,论其有余不足,则知贵贱。贵上极则反贱,贱下极则反贵。贵出如粪土,贱取如珠玉。财币欲其行如流水。

司马迁《史记》(汉朝)

轻当矫之以重,浮当矫之以实,褊当矫之以宽,执当矫之以圆,傲当矫之以谦,肆当矫之以谨,奢当矫之以俭,忍当矫之以慈,贪当矫之以廉,私当矫之以公,放言当矫之以缄默,好动当矫之以镇静,粗率当矫之以细密,躁急当矫之以和缓,怠惰当矫之以精勤,刚暴当矫之以温柔,浅露当矫之以沉潜,溪刻当矫之以浑厚。

金兰生(清朝)

【原文欣赏】

【注释】

供—需：供给—需求。产—销：生产—销售。

购—售：采购—推销。买—卖：买入—卖出。双方通过实物或货币交换所需物品。引申为做生意。

【大意解说】

供给需求，生产销售。采购买入，推销卖出。

【连一连】

　　　　　　　　　供　　　　　　　卖

　　　　　　　需　　　　　买

　　　　　　　　　　　产

　　　　　　　　　售　　　　　　销

　　　　购

【故事】

川商卖药

春秋时期，四川有三位药商，他们都在同一条街上卖药。其中一位药商专门进优质药材，按照买进价确定卖出价，不虚报价格，购买价和售出价差不大。另一位药商无论药材优劣都进货，售价的高低只根据购买者的需求能力来定，然后用优质药材或次品来迎合他们。还有一位商人不进优质药材，只求数量多，卖出的价钱也非常便宜，购买人多要点就多给点，从不计较。因此，许多购买人爱到他那里买药，以致店铺的门槛每个月都要换一次。过了一年这位药商就富了起来。那位兼营优质药材和次品的药商，去他那儿买药的稍微差些，过了两年也富了起来。那位专门进优质药材的药商，每到中午时顾客就寥寥无几，赚的钱早上有的吃而晚上就难以保障了。

(连一连参考图解：X-经济函数图)

【原文欣赏】

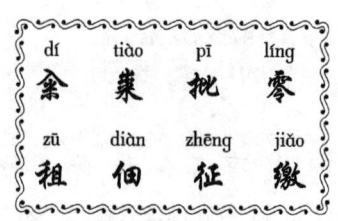

【注释】

籴—粜：买米—卖米。引申为买入和卖出。
批—零：批发—零售。租—佃：出租—承佃。
征—缴：征收—缴纳。

【大意解说】

买入卖出，批零兼营。出租方征收租金，承佃方缴纳租金。

【连一连】

籴　批

租　　　　佃

征　　　缴

粜　零

【故事】

赵奢公平收租,国运繁荣昌盛

赵奢本是赵国一名征收田租的小官。在收田租税时,平原君家人抗拒不交,赵奢依法处治了他家的管事人。平原君深觉受侮,准备追责赵奢。

赵奢对平原君说:"您身为公子,现在要是纵容管家而不遵守国法,就会削弱国法的尊严,国法的尊严一旦被削弱,国家实力就会大减,诸侯就会趁机入侵,诸侯入侵赵国灭亡,您还能保住这些财富吗?凭您尊贵的地位,能奉公守法就会带动全国上下守法,全国上下守法国家强盛,国家强盛政权稳固,您身为公子会被天下人轻视吗?"平原君发现赵奢很有才能,就把他推荐给赵王。赵王任用他掌管全国的赋税,国家赋税公平合理,征收非常顺利,因此,百姓富足,府库充实,国家强盛。

(连一连参考图解:井-农田租佃)

【原文欣赏】

【注释】

当—赎：典当—赎回。借—贷：借方—贷方。
认—赖：承认—抵赖。还—讨：归还—追讨。

【大意解说】

典当后借款，赎回先还贷。认账要按时还钱，赖账要尽快追讨。

【连一连】

当　认　讨

赎

借　　　还

贷　赖

【故事】

嘉庚还父债，声誉满南洋

1903年，17岁的陈嘉庚跟随家乡的人下南洋去找父亲。到达新加坡后，陈嘉庚发现刚去世的父亲所经营的企业破产了，并欠下一大笔巨额的外债。按当地的法律规定没有"父债子还"的条款。在反复考虑后，陈嘉庚毅然挺身而出，在新加坡的《华文报》上，公开承诺代父亲偿还这些债务。新加坡各界人士看了这则公告后，对他的做法颇为吃惊，连那些债权人也深为感动。白手起家的陈嘉庚经过4年的艰苦创业，终于连本带息还清了父亲所欠的债务。

陈嘉庚替父还债的消息迅速地传遍了东南亚，赢得了各地商人的普遍赞誉。此后，人们都愿意和他做生意。陈嘉庚的生意也越做越大，一度成为东南亚的"橡胶大王"。

（连一连参考图解：字母"cr"，表示记账符号"贷"）

【原文欣赏】

【注释】

牛—熊：牛市—熊市。飞—堕：飞涨—坠落。

升—跌：上升—下跌。红—绿：红色—绿色。

【大意解说】

牛市飞涨，熊市坠落。升跌分别用红色和绿色表示，红色代表上升，绿色代表下跌。

【连一连】

　　　　　　　　　　　飞
　　　　升　堕
　　　　　跌　熊
　　　　　　绿
　　　　　　　牛
　　　　红

【故事】

苹果坠地，飞机上天

1908年的一天，年轻的冯·卡门观看了法国航空员法尔芒再次刷新飞行纪录的表演。飞行结束后，冯·卡门好奇地问法尔芒："我是从事物理研究工作的。曾经有位科学家用科学理论证明了比空气重的东西是无法飞起来的，你能解释一下飞机为什么能飞起来吗？"法尔芒坦率地回答："是那个研究苹果坠地的人吗？幸好我没有学过他的理论，否则，今天就不可能成功。我以前只是个开赛车的司机，现在又成了职业飞行员。至于飞机为什么会飞起来并不是我关心的事情，您作为物理研究者应该好好地去探究。祝您成功！"

法尔芒的话久久地萦绕在冯·卡门的脑海里。经过多年的探索研究和试验实践，冯·卡门最终成为20世纪航天航空领域里最杰出的工程师。

（连一连参考图解：飞机）

【原文欣赏】

【注释】

勤—懒：勤劳—懒惰。忙—闲：繁忙—空闲。
投—报：投入—回报。攒—花：攒钱—花钱。

【大意解说】

勤快的人忙碌，懒惰的人悠闲。有投入才能攒钱，有回报才有钱花。

【连一连】

勤　懒　　　　投　报

忙　闲

花　攒

【故事】

父子同是养蜂,却有天壤之别

灵丘有位老人善于养殖蜜蜂。园内有庐,庐有人守。挖空树木做成蜂箱,没有缝隙和异味。安置蜂箱疏密有致,新旧有序,坐落有方向,五五为伍,有人值守。根据它们的生长繁衍情况,调整冷热,修理蜂箱,按照时节开封蜂箱,繁殖多了及时给蜂群分箱,少了就增加聚集蜂群,没有出现一群有两个蜂王。及时清除虫害,夏天不暴晒,冬天免冰冻,大风吹来不摇晃,暴雨袭来不积水。取蜜时,只分享它多余的,不让蜜蜂精疲力竭。因此早来的蜂群很安乐,新来的得到了休养,老人的勤劳换来了丰厚的回报,家道兴旺。老人去世后,子承父业,园庐不修,垃圾不扫,燥湿不调,开闭蜂箱没规律,蜂箱动摇不安,出入有障碍,这样蜂群不喜欢这里了。于是家道迅速地衰落。

(连一连参考图解:聚宝盆)

【原文欣赏】

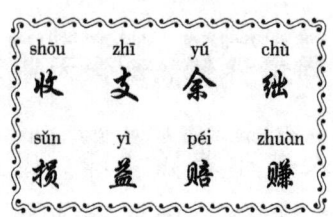

【注释】

收—支：收入—支出。余—绌：有余—不足。
损—益：损失—收益。赔—赚：亏—赢。

【大意解说】

shōu rù yǒu yú，zhī chū bù zú。shōu zhī xiāng dǐ，suàn chū yú chù。yǒu sǔn shī
收入有余，支出不足。收支相抵，算出余绌。有损失
jiù huì péi qián，yǒu shōu yì jiù huì zhuàn qián。
就会赔钱，有收益就会赚钱。

【连一连】

余

支　　　　　　　　　　损
　收赚
赔

　　　　益　　　　　绌

【故事】

囫囵吞枣

有个客人说:"梨益齿而损脾,枣益脾而损齿。"意思是说,吃生梨有益于人的牙齿,却有损于人的脾脏;而吃枣子有益于人的脾脏,却有损于人的牙齿。

一个自作聪明的人听了这话后,想了想,随即拍着手,喃喃自语地说:"以后我吃生梨时,只嚼不咽,它就不会损伤我的脾脏;吃枣子时,我只吞不嚼,它就不会伤害我的牙齿。这样一来,既不会伤脾脏,也不会伤牙齿,能一举两得了。"

旁人笑着说:"你真是囫囵吞枣呀!"大家听了,都差点儿笑喷了。以后人们就用"囫囵吞枣"这个成语比喻对学习上死记硬背、生搬硬套,好比吃东西,不细嚼慢咽,难以消化吸收。

(连一连参考图解:鱼)

【原文欣赏】

【注释】

节—靡：节俭—奢靡。省—费：节约—浪费。
俭—侈：节俭—奢侈。吝—奢：吝惜—浪费。

【大意解说】

节约财物省着用，奢靡财富浪费多。顾惜崇尚节俭，过分反成浪费。

【连一连】

省
侈
吝
费 奢 靡

节 俭

【故事】

由俭入奢易，由奢入俭难

北宋张文节任宰相时，生活依旧简朴，亲近他的人劝他说："您现在享用的俸禄不少，可是仍然节省，虽然您自认为是清廉节俭，但外人对您却另有说法，说您的节俭是一种沽名钓誉的行为。您应该稍微随从大众的行为才好。"张文节感叹说："我现在丰厚的收入，即使全家锦衣玉食，何愁做不到呢？但是人之常情，由俭入奢易，由奢入俭难。像我现在的高官厚禄哪能长期拥有？生命哪能一直存在呢？一旦情况与现在不同，而家人早已习惯奢侈之风，不能立刻节俭，那时家人就会饥寒无依。哪能无论我做官还是罢官、活着还是死去，家里的生活境况都保持一样呢！"后人赞叹道：大贤的深谋远虑，岂是平庸之人所能比得上的呢？

(连一连参考图解：小气猫)

【原文欣赏】

【注释】

丰—匮：丰富—匮乏。饶—乏：富饶—贫瘠。
施—敛：布施—收敛。予—夺：给予—剥夺。
古人云：劝农节用，均丰补歉。图匮于丰，防俭于逸。

【大意解说】

fēng yù fù ráo，kuì fá pín jí。bù shī jǐ yǔ，bào liǎn lüè duó
丰裕富饶，匮乏贫瘠。布施给予，暴敛掠夺。

【连一连】

丰　　夺

饶　　　　　　　敛

匮　　予

乏　　施

【故事】

卓氏迁徙

四川卓氏，其先人是赵国人，世代经营冶铁以致巨富。秦国消灭赵国后，要将卓氏流放到蜀地去，于是卓氏夫妇推着车子一路前行。其他一起被流放的同族人，几乎都争相贿赂负责迁徙的官吏，希望能让他们在就近的葭萌地区定居。只有卓氏夫妇经过实地调查后认为，葭萌地区土地狭窄贫瘠，资源匮乏，不容易在那里谋生。岷山脚下有一块肥沃丰饶的平旷之地，那儿的芋头长得好，百姓常年没有缺过粮，而且当地纺织业发达，商业繁荣，是一个很好的谋生之地。同族人并不肯听从卓氏夫妇的建议。于是卓氏夫妇主动要求迁到比较偏远的临邛县，那里以盛产铁矿出名。他们利用当地丰富的铁矿资源采矿冶铁，经营老本行，终至富可敌国。

(连一连参考图解：金元宝)

【原文欣赏】

【注释】

授—受：交付—接受。赠—答：赠送—酬答。
庆—吊：庆贺—吊唁。祝—诅：祝福—诅咒。
取得成果，就要懂得分享、庆贺和授赠，同时不忘缅怀和吊唁先烈，防患外来伤害和侵犯。

【大意解说】

jiāo fù zèng sòng　jiē shòu chóu dá　qìng hè zhù fú　diào sàng shī zhòu
交付赠送，接受酬答。庆贺祝福，吊丧施咒。

【连一连】

授（诅）　　　祝

受　吊
赠　　庆
答

【故事】

漂母分食，一饭千金

西汉名将韩信小时候家里很穷，父母双双早亡，无依无靠，只好到城外河边捞鱼来充饥。当时有一群妇女在河边漂洗丝绵，她们自带饭菜来这里干活。有位好心的老大娘见韩信饿得挺可怜的，每天特地多带了一份饭菜来给他。韩信很感激，发誓将来一定要好好地报答她。谁知老大娘却说："我是看你可怜才多带一份来给你，难道是为了希望得到你的报答吗！"韩信听了，心里更加感激。

后来，韩信拜师学兵法，练习武艺。秦末农民起义后，他投身加入刘邦的队伍，成为汉朝的开国功臣之一，被封为"淮阴侯"。韩信对当年漂母分食之恩始终难以忘怀，派人寻找，最后以千金相赠答谢。这就是成语"一饭千金"的出处。

（连一连参考图解：奖牌）

【原文欣赏】

【注释】

贫—富：贫穷—富裕。贱—贵：低贱—高贵。

穷—达：穷困—显达。夭—寿：短命—长寿。

荀子曰："乐易者常寿长，忧险者常夭折。"

【大意解说】

贫穷显得卑贱，富裕显得高贵。穷困易短命，显达易长寿。心胸狭窄的人短命，心胸豁达的人长寿。

【连一连】

寿

贫

夭　　富

贵　穷

达　贱

【故事】

穷不失志向，达不忘初心

北宋宰相寇准幼年丧父，靠母亲培养成人。19岁时，他中了进士，喜讯传来，寇母卧病在床不起。临终前她将一幅自绘图交给了知己刘妈，嘱咐说："寇儿当官后，若有什么闪失，就将这幅画交给他。"

后来，寇准当上了宰相，在六十寿诞之际，臣僚部属都赶来为他祝寿。寇准大摆宴席，准备招待那些赶来祝寿的宾朋好友。刘妈知道后，想起寇母临终时的托付，便将收藏多年的画作交给了寇准。寇准打开画卷一看，是一幅"寒窗课子图"。画面中，一位孩童在灯下读书，母亲在一旁缝补衣服。上有题诗曰："孤灯课读苦含辛，望尔修身为万民，勤俭家风慈母训，他年富贵莫忘贫。"寇准见了，明白亡母的心意，当即辞宾客罢宴席，退回了寿礼。

(连一连参考图解：寿桃)

【原文欣赏】

让　争　祥　殃
趋　避　吉　凶

【注释】

让—争：谦让—争抢。祥—殃：吉利—不祥。
趋—避：趋就—避去。吉—凶：吉祥—凶险。

【大意解说】

谦让可得到吉祥，争斗会招致祸殃。趋就吉祥，避离凶险。

【连一连】

殃　　　趋

祥　　避

争吉

让凶

【故事】

负荆请罪,将相和好

战国时期,蔺相如因出使秦国有功,被赵王拜为上卿,位在廉颇之上。大将军廉颇感到羞耻,不甘心居于他之下,扬言要羞辱他。蔺相如知道后,就有意地回避廉颇。上朝时常推说有病,不愿跟他争位次。出门时若遇到廉颇,也尽量避开他。蔺相如的手下问及,他说:"秦国之所以不敢对赵国用兵,就是因为有我们两个人在。如果我们两人相互攻击,势必难共存。我之所以这样忍让,是以国家为先而以私仇为后啊!"这话传到了廉颇的耳朵里,廉颇觉得愧疚,便解衣赤背,背着荆条,由宾客引着到蔺相如家请罪。他惭愧地对蔺相如说:"我这个卑贱之人,想不到你是如此的宽宏大量!"两人重归和好,成为生死之交。

(连一连参考图解:路牌倒三角表示"让"行)

【原文欣赏】

【注释】

祸—福：灾难—吉祥。绝—连：断绝—连续。
妖—瑞：妖孽—祥瑞。断—续：中断—继续。
天作孽，犹可违；自作孽，不可逭。绝断妖祸，连续瑞福，关键在于自我变革和完善。

【大意解说】

zāi huò miè jué　xiáng fú lián lián　　yāo niè zhōng duàn　xiáng ruì jì xù
灾祸灭绝，祥福连连。妖孽中断，祥瑞继续。

【连一连】

　　　　　　　祸

　　　福　　　绝

　　　妖　　　断
　　　连续
　　　瑞

【故事】

孟母教子

战国思想家孟子小时候无心向学,有一天学堂还没放学就私自逃回了家。孟母是历史上有名的母亲,"三迁之教"的主角,此时正在家里织布,见孟子逃学回来,问道:"你的书读得怎样了?"孟子满不在乎地回答说:"还是老样子。"孟母听了,一句话也没说,举起身边的剪刀把织布机上的线剪断了。

孟子不解地问:"妈妈,您为什么要这么做呢?"母亲说:"读书犹如织布,累丝成寸。你荒废了学业,如同我剪断这织布机上的线,还能接得上吗?"孟子顿有所悟,立志向学。后来孟子成为战国时期著名的思想家,他继承和发展了孔子的学说,世称"孔孟之道"。

(连一连参考图解:"带电"标志)

四　中医和养生

　　上古之人，其知道者，法于阴阳，和于术数，食饮有节，起居有常，不妄作劳，故能形神俱，而尽终其天年，度百岁乃去。

《黄帝内经》

　　阴阳者，天地之道也，万物之纲纪，变化之父母，生杀之本始，神明之府也，治病必求于本。

《黄帝内经》

　　动如涛，静如岳；起如猿，落如鹊；站如松，立如鹤；转如轮，折如弓；快如风，慢如鹰；轻如叶，重如铁。

武术谚语

【原文欣赏】

阴阳表里
寒热虚实

【注释】

阴—阳：幽暗—明亮。表—里：表面—里面。
寒—热：严寒—酷热。虚—实：空虚—充实。

【大意解说】

用阴阳确定病症类别，用表里反映病位深浅。用寒热阐发病症性质，用虚实说明邪正盛衰的强弱。

【连一连】

热　阴

阳

寒　　表　　虚

里实

【故事】

仲景著医书,立医学"八纲"

东汉著名医学家张仲景从小酷爱医学,博通群书,潜乐道术。他仰慕神医扁鹊,钦佩扁鹊的医德和医术。因此,从小就跟名医张伯祖学医,鄙视那些不精究医药方术、唯名利是图的居世之士,认为有病求助于巫祝迷信的人就是失败。他钻研医学,勤求古训,博采众方,考校以求验,从经典的医学著作中传承了望、闻、问、切和辨证论治的思想方法,又搜集整理了民间药方和治疗方法,结合个人临床实践经验,创造性地写出了《伤寒杂病论》,形成了独特的医学思想体系,被誉为"众方之宗、群方之祖、医门之圣"。张仲景所确立的六经辨证和阴阳、表里、寒热、虚实"八纲"的治疗原则,成为指导中医临床治病的基本准绳,受到历代医学家的推崇。

(连一连参考图解:太极图)

【原文欣赏】

【注释】

拔—扎：抽出—刺进。补—泻：补益—祛除。
服—敷：内服—外敷。病—愈：生病—痊愈。

【大意解说】

zhōng yī de zhēn jiǔ bá zhā　　jù yǒu bǔ xiè zuò yòng　　nèi fú wài fū　jí bìng
中医的针灸拔扎，具有补泻作用。内服外敷，疾病
quán yù
痊愈。

【连一连】

拔　　　　敷

　　　　　病

扎　　　　服愈

补　　泻

【故事】

吴本从医，普济群生

宋朝医生吴本刚满10岁时常随父亲下海捕鱼。后来，父亲身患重病，无钱救治。为此，他立志从医，为天下的穷人治病。一次，他在家乡行医时，遇到一位被强盗砍得奄奄一息的少年。吴本立即把少年背回家抢救。吴本上山采药，给少年内服外敷，并天天用山泉水清洗化脓的伤口，最终救活了少年。

仁宗的母后患病，久治不愈。吴本知道后揭榜入朝。他给太后诊脉后，熏以艾柱，灸以铜针，又交给太后一些丸药早晚服用。几日后，太后病愈了。仁宗欲留吴本在宫里，吴本却谢绝说："我志在修真，慈悲济世，拯救苍生。"仁宗非常钦佩，就敕封他为"妙道真人"，普救众生。

（连一连参考图解：杯）

【原文欣赏】

【注释】

呼—吸、吐—纳：出气—进气。伸—屈：伸直—屈曲。俯—仰：向上—向下、低头—昂首。

修身养性在于气，长呼短吸间屏息。吐故纳新健脏腑，气贯丹田蓄精髓。六字口诀要牢记，嘘呵呼与呬吹嘻。

【大意解说】

hū chū xī rù   tiáo xī yǎng qì   sì zhī qū shēn yùn dòng   quán shēn fǔ yǎng
呼出吸入，调息养气。四肢屈伸运动，全身俯仰

yùn dòng
运动。

【连一连】

伸

仰　　吸

屈　俯　呼　吐　纳

【故事】

动摇病不得生，华佗创五禽戏

东汉医学家华佗懂得养性之术，年将百岁，仍精神饱满，当时的人以为是仙。华佗善于观察和思考。他从儿童抓着门框来回荡着玩，想到医书说的"户枢不蠹，流水不腐，以其劳动不息也"，门的枢纽不被蛀坏，流动的水不腐臭，在于不停地运动，从而悟出生命在于运动的道理。他对弟子说："人体欲得劳动，但不当极耳。动摇则谷气得消，血脉流通，病不得生，譬如户枢终不朽也。"于是，他参考了前人的"导引术"，模仿虎、鹿、熊、猿、鸟五禽运动姿态，编出了一套活络筋骨、锻炼身体的拳法，名叫"五禽戏"。只要时常操练，可强身除病。身体若有不舒服，起作一禽之戏，流出汗，就会感到体轻松便。这套行之有效的拳法，至今仍在社会广为流传。

（连一连参考图解：鼻子）

【原文欣赏】

劳　逸　动　静
作　息　觉　眠

【注释】

劳—逸：辛劳—安逸。动—静：运动—静止。
作—息：劳作—休息。觉—眠：觉醒—睡眠。
善养身者，使之能逸而能劳。先睡心，后睡眼。

【大意解说】

操劳能运动身子，安逸能静养身心。劳作时头脑要清醒，休息时大脑要养眠。

【连一连】

逸
动　静
作
劳　　　　眠　息
觉

【故事】

好的作息生活成全富兰克林

美国科学家本杰明·富兰克林年轻时，曾在一家印刷厂当工人。那时，工人受社会饮酒风气的影响，嗜好啤酒以享受安逸的生活。但是，富兰克林却滴酒不沾，还劝同事说："体育可以健身。"可是同事不听，还笑他不懂得人生享受。为了让自己有出彩的人生，富兰克林为自己制定了规律的作息时间表。五点起床，计划当日的事务，上午八点到十一点工作，中午吃饭、休息和阅读，下午两点至五点工作，晚上六点至九点吃饭、娱乐和交流。工作之余，富兰克林常独自一人去锻炼，身体越来越强壮，干活的力气也越来越大。同事不禁问他有何诀窍，他笑着说："靠平时锻炼积累得来的！"他严格遵守作息时间表，日积月累，自我磨砺，最后成为一名杰出的社会人士。

（连一连参考图解：鱼竿，钓鱼是一种休闲运动）

【原文欣赏】

坐 卧 趴 躺
闭 睁 梦 醒

【注释】

坐—卧：坐—卧。趴—躺：趴伏—平躺。

闭—睁：闭上—睁开。梦—醒：梦—醒。

【大意解说】

坐在椅上趴着休息，卧在床上躺着睡觉。闭上睡眼进入梦乡，睁开睡眼苏醒过来。

【连一连】

闭 躺

趴 卧
醒

睁 梦 坐

117

【故事】

南柯一梦

唐朝淳于棼喜欢喝酒。有一次,他喝醉了酒,倒在庭院的槐树下睡着了。在梦中他隐约见到了一个槐安国,国王不仅把他招为驸马,还派他去做南柯郡的太守。淳于棼上任后把南柯管理得井井有条,得到了百姓的拥戴和国王的器重。不料,檀萝国突然袭击南柯郡,淳于棼所带领的军队屡战屡败,他的爱妻又不幸病故。国王再也不信任他,并免去了他的职务。历经一系列打击之后,淳于棼觉得无法在那里继续生活下去,于是决定回到原来的家乡。一离开槐安国,淳于棼就酒醒了,方知这是一场梦。后来,淳于棼在庭院里的槐树下偶然发现一个蚂蚁洞,洞里俨如宫殿,蚂蚁整齐有序地爬着。他顿时明白,原来梦中所见到的槐安国就是这个蚂蚁洞。这就是南柯一梦的由来。

(连一连参考图解:背椅)

【原文欣赏】

【注释】

积—消：积累—消费。饱—饿：温饱—饥饿。
鼓—泄：鼓起—泄掉。翘—垂：翘起—垂落。

【大意解说】

积存食物，肚子充足；消耗食物，肚子饥空。胀大就会翘起，排出就会垂落。

【连一连】

    鼓 积

       消

   泄

      饱

   翘 饿

     垂

【故事】

狐狸吃鸡

一只胖胖的狐狸正在觅食，叽叽喳喳的雏鸡声吸引了它。顺着雏鸡的叫声，狐狸找到了围墙内雏鸡的住所。狐狸馋得直流口水，于是它绕着围墙转，希望找到进口。终于，它在围墙的一角发现了一个小洞。可是洞口太小了，它那肥胖的身躯无法钻进去。为了吃到这些雏鸡，这只狐狸在围墙外绝食了五天，在饿得精瘦之后，它总算钻进了那个小洞，并美美地吃光了围墙内的雏鸡。然而，由于吃得太多太饱，这时它发现自己那吃得鼓鼓的大肚皮，让它无法钻出那个小洞。就这样，狐狸被困在围墙内又饿了五天五夜，一直饿瘦到和刚进来时那样瘦小，才灰溜溜地钻了出去。结果，钻出去的狐狸依旧还是原来那只狐狸。

（连一连参考图解：胃）

【原文欣赏】

【注释】

饮—食:饮料—食物。饭—菜:米饭—菜肴。

粟—米:谷子—稻米(去皮后)。泛指粮食。

酒—醴:厚酒—薄酒。泛指各种酒。

【大意解说】

日常饮食,家常饭菜。饭前喝汤,饭菜分食。粮食和酒水。酒是用粮食酿造出来的。

【连一连】

饮　醴

食　酒

饭　米

菜　粟

【故事】

谁知盘中餐

周恩来小时候常到蒋妈妈家玩。有一次他背着"锄禾日当午,汗滴禾下土。谁知盘中餐,粒粒皆辛苦"的诗句时,看见蒋妈妈正在打饭。周恩来上前好奇地问道:"蒋妈妈,这大米饭是怎么来的?"蒋妈妈刚听到周恩来在诵读《悯农》诗,就对他说:"这白花花的大米是由稻谷舂出来的。谷子浑身裹着一层硬壳,它们经过浸种催芽、育苗插秧、锄草施肥、治病杀虫、收割脱粒、储存保管,直至舂出一粒一粒的米。""能吃上一顿白米饭可真不容易啊!"周恩来惊讶地说。"是啊,它要经过这么多环节才能做成饭,辛苦了许多人。"蒋妈妈深情地说。蒋妈妈的一番话,不仅使周恩来加深了对诗句的理解,而且还使他对种田人的辛勤劳动有了一定的认识。

(连一连参考图解:酒瓶)

【原文欣赏】

荤 素 厚 薄
纯 杂 粹 驳

【注释】

荤—素：荤菜—素菜。厚—薄：浓厚—淡薄。
纯—杂：纯正—杂乱。粹—驳：纯粹—驳杂。

【大意解说】

菜有荤素，味有厚薄。荤菜厚腻，素菜淡薄。纯粹不掺杂，驳杂不纯净。

【连一连】

荤　　素

驳　粹　薄　厚

杂　　纯

【故事】

狗不理包子，四季味不同

天津"狗不理"包子始创于清朝咸丰年间，它历经市场的洗礼，名气越来越大，成为"津门老字号，中华第一包"。

为什么狗不理包子会流传开来呢？人们从狗不理包子的制作过程中找到了答案。原来狗不理包子用料讲究，做工精良，讲时令、季节和鲜活。因为人的胃口与季节有关。夏天炎热，口味偏素净；冬天寒冷，体内需要更多热量补充，胃口又有所变化。因此，狗不理包子适应了消费者口味的需求和变化，在不同季节里所用馅内的猪肉肥瘦也各不相同，形成别具一格的四季包子。这样一来，人们在一年四季里吃到不同味道的"狗不理"包子，不会觉得肥而不腻，因而常吃不厌。

（连一连参考图解：蘑菇）

【原文欣赏】

【注释】

鲜—腐：新鲜—腐败。香—臭：芳香—恶臭。

甘—苦：甘甜—辛苦。比喻美好和恶劣的处境。

淡—咸：分别形容食物里盐分含量轻和重。

【大意解说】

色泽有鲜腐，气味有香臭。新鲜的食物气味香，腐败的食物气味臭。味有甘苦之别，浓淡之分。甜淡为宜。

【连一连】

鲜
腐　咸

香　　　淡

臭　　　苦

甘

【故事】

臭豆腐，香天下

臭豆腐始创于康熙年间，原是王致和发明的。王致和幼年时曾向家人学过做豆腐。他老家在安徽，清康熙八年进京会试落第。为充分准备下科会试，王致和暂时居住北京，并经营豆腐生意，以维持生计。他每天走街串巷卖豆腐，但生意总是清淡。一次，他的豆腐发生了霉变，可他又舍不得扔掉，便把发霉的豆腐撒上盐，放在一口坛里储存起来。由于他一心刻苦攻读，渐渐地把此事忘了。过了一段时间，他突然想起那坛腌制的豆腐，忙打开坛盖，顿时臭味扑鼻，弃之可惜，少试一口，觉得臭味之余味道却异常鲜美。之后，他便如法炮制，并命名为"臭豆腐"。这一独特产品推出市场后广受社会欢迎，王致和的豆腐生意由此日益兴隆起来。

(连一连参考图解：梨子)

【原文欣赏】

【注释】

酸—碱:酸性—碱性。滑—涩:光溜—粗涩。
软—硬:柔软—坚硬。韧—脆:坚韧—脆弱。

【大意解说】

在化学里,食物分为酸性和碱性,口感上有滑溜和粗涩之分。在物理里,食物依质地分为软食和硬食,吃起来又有坚韧和脆弱之别。

【连一连】

酸
滑　　韧
碱脆

软
涩　硬

【故事】

年糕的由来

春秋战国时期,为了防止外敌入侵,吴王阖闾派伍子胥督建城墙。吴王之子夫差继位后听信奸臣的谗言,除掉了伍子胥。伍子胥临死前对心腹说:"我死后如果国家遭遇困难,百姓挨饿,就到城门墙下掘地三尺,可找到可食之物。"不久,越国进攻吴国,包围了吴国的城墙,城中军民被困在城内断炊绝粮,伍子胥的心腹想起了他的话,就带领大家到城门墙下挖地,果然挖出许多硬硬的、脆脆的砖块。经过一煮,砖块变成了软软的黏糕。原来,砖块是由糯米粉压制成的。这是当年伍子胥设下的积粮防饥之计,吴国军民就靠这些砖块渡过了难关。此后逢年过节,当地百姓都要制作年糕,以此来纪念伍子胥,同时取"年年步步高"的吉祥之意。

(连一连参考图解:苹果)

五 艺术和情貌

为书之体，须入其形，若坐若形，若飞若动，若往若来，若卧若起，若愁若喜，若虫食木叶，若利剑长戈，若强弓硬矢，若水火，若云雾，若日月，纵横有可象者，方得谓之书矣。

蔡邕（东汉）

繁处独简，简处独繁，平处忽耸，耸处忽平，合处能离，离处能合，此运局之新也。因小见大，因近见远，因平见险，因易见难，因人见己，因景见情，此命意之新也。平字得奇，俗字得雅，朴字得工，熟字得生，常字得险，哑字得响，此炼字之新也。

陈仅（清代）

【原文欣赏】

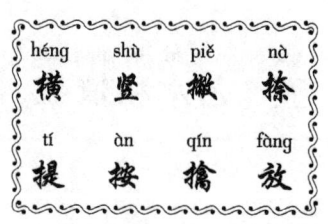

【注释】

横：由左平移至右。竖：由上直下。

撇：由上向左而斜下。捺：由上向右而斜下。

提—按：上拎—下顿。擒—放：提—按，捉—放。

【大意解说】

汉字写法：先横后竖，先撇后捺。上拎要抓起，下顿要放开。

【连一连】

横　　提

竖　　按

撇　　擒

捺　　放

【故事】

王献之练书法

王献之自幼受其父王羲之的影响,酷爱书法。他向父亲请教书法之道。父亲指着自己曾用过的18口水缸说:"等你写完它们就明白了。"此后,王献之每天从缸里取水磨墨,专心习练。待写完三缸水后,就自认为与父亲不相上下了。他仿照父亲的字写了一幅,拿给父亲看。父亲一言不发,只在其中的一个"大"字下加了一点。拿去问母亲,母亲说:"只有'大'字下那一点像羲之。"王献之听了很沮丧。他上街见到一位婆婆在烙饼,每烙好一个,就用竹片把它挑起往背后的簸箩一撩,饼整齐地叠在一起。王献之问她怎么撩得这么准,她说:"没什么,只是熟练罢了。"王献之听了深受启发,从此,发奋书写,终于成为与父亲齐名的大书法家。

(连一连参考图解:八)

【原文欣赏】

【注释】

遒—拓：遒紧—拓开。载—覆：承载—覆盖。

盈—缩：增加—减少。舒—卷：舒展—卷缩。

注：书法有天覆者凡画皆冒于其下（如宇、宙），地载者有画皆托于其上（如至、圣）之说。

【大意解说】

遒紧承载，拓开覆盖。伸张舒展，弯曲卷缩。

【连一连】

　　　　　　　　　　　　载

　　　　　覆　舒　卷　缩
　　　　　　　　盈

　　　　　遒　　　拓

【故事】

向右还是向左旋

20世纪50年代初,作家老舍选了诗人苏曼殊的四句诗,请齐白石老人按诗绘画。这四句诗分别是:"手摘红樱拜美人""红莲礼白莲""芭蕉叶卷抱秋花""几束寒梅带雪红",蕴涵着春、夏、秋、冬四季景物。

齐老拿到诗句后,三下两下,一挥而就,很快就画完了前两幅。画到第三幅时,齐老迟迟没有落笔。正当大家惊异之际,齐老转身问大家:"芭蕉卷曲的叶子是向右旋还是向左旋?"虽说大家都曾见过芭蕉树,但从来未去注意这个细节,无人能答上来。此时又恰逢北国寒冬,没有实物可参考,齐老只好放弃画卷叶的芭蕉。他说:"因未曾见过实物,不能大胆为也。"

齐老对绘画艺术的严谨态度,让在场的人称赞不已。

(连一连参考图解:卷席)

【原文欣赏】

【注释】

徐—疾：缓慢—疾速。迟—速：迟缓—迅速。
永—暂：永久—暂时。久—顷：长久—片刻。

【大意解说】

速度有疾速和徐迟。徐徐来迟，疾速飞驰。时间有久暂。永恒久远，短暂顷刻。

【连一连】

疾　　　久

　徐　　　顷

　　迟暂

　速　　　永

【故事】

最长又最短的东西

古巴比伦人要选一位文武兼备的人来当国王。除了比武外,还必须回答大祭司提出的问题:"世上有这么一种东西,它既是最长的又是最短的,既是最快的又是最慢的,既是最广大的又能被分割的,既是最不受重视的又是最受惋惜的,没有它,什么事情也做不了,它能使渺小的事物归于泯灭,又能使伟大的事物延续不绝?"

查第格沉思片刻后,回答说:"时间。因为它无穷无尽又瞬间消逝,所以最长也最短。在等人时觉得最慢,在享乐时觉得最快。毅力能使它扩展延伸,计划能将它分配利用。当时最易被人忽视,过后又最受人惋惜。没有它,任何人都做不成事。它不会留下任何毫无价值的事物,又会让伟大的事物延续发展。"

查第格最先说出了答案,因此当上了国王。

(连一连参考图解:蜗牛)

【原文欣赏】

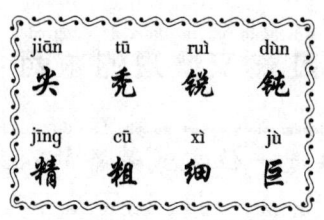

【注释】

尖—秃：分别用来表示物体存有和失去锐利的末端。

锐—钝：灵敏—迟钝，锐角—钝角。

精—粗：精细—粗糙。细—巨：细小—巨大。

【大意解说】

（笔）尖则锐利，秃则钝挫。精致细腻，粗壮硕大。

【连一连】

尖
　　　　巨
秃　　细

　　锐　粗

　　　钝　精

【故事】

锲而不舍，笔上生花

宋朝文学家王安石小时候听说李白梦见笔上生花，因此开口成文，于是便去问老师："世上真有生花笔吗？"老师拿出了一大捆尖尖的毛笔，对他说："这里有999支笔，其中有一支是生花笔，只有用它们去写文章，写秃一支后再换一支，你一定能从中找到生花笔，除此之外，别无办法。"从此，王安石按照老师的指点，勤学苦练。几年后，他写秃了500支笔，仍未见进展。王安石有些灰心了，老师见状，赠予他"锲而不舍"四字。又过了几年，王安石把所有的笔都写秃了，仅剩最后一支，突来偷天妙手，不可名状，终于找到了生花笔。其实，世上没有什么生花笔，只因王安石多读书心中有本，勤写作笔下生花，才写出许多脍炙人口的文章。

（连一连参考图解：钝角三角形）

【原文欣赏】

稀 稠 疏 密
增 删 添 芟

【注释】

稀—稠：稀少—繁多。疏—密：稀疏—稠密。
增—删：增加—裁减。添—芟：添加—削除。

【大意解说】

密度有稀疏和稠密。少而稀疏，多而稠密。增添其不足，删除其多余。

【连一连】

增
删　　　　密
疏　　添　　稀
　　　稠
　　　　　芟

【故事】

勤学则日增,辍学则日亏

晋朝文学家陶渊明退归田园隐居后,有位读书少年向他讨教读书妙法。陶渊明听完后,哈哈大笑说:"天下哪有什么学习妙法?"接着又认真地说:"学习绝无妙法,但书山有路勤为径,勤学则进,辍学则退。"少年听了似懂非懂。于是陶渊明把他带到稻田边,问他能否看出秧苗在长高,少年说不能;又见一块磨刀石,问磨刀石是否在一日内磨成,少年说不是。回来后,陶渊明提笔写了一副对联:"勤学如春起之苗,不见其长,但日有所增;辍学如磨刀石,不见其损,却日有所亏!"少年看后深受启发,明白了学习要靠平时的点滴积累,即使自己也没有觉察到,但只要持之以恒,终能见成效。学习一旦间断停止,知识就会在不知不觉中遗忘和荒废。

(连一连参考图解:&)

【原文欣赏】

条—紊 齐—畸
均—殊 同—异

【注释】

条—紊：条理—紊乱。齐—畸：整齐—不齐。
均—殊：均匀—参差。同—异：相同—差异。
《尚书·盘庚上》曰："若网在纲，有条而不紊。"做事要像拴在大绳上的网一样有条理而不乱。

【大意解说】

条理齐整，紊乱不齐。均匀相同，参差相异。

【连一连】

齐　　　　殊

　畸均

　　　条异

　　紊　同

【故事】

同一景物,不同画面

俄罗斯音乐家鲁宾斯坦同画家毕加索是好友,两人交情甚笃。鲁宾斯坦常去拜访毕加索。有一段时间,鲁宾斯坦发现毕加索不停地重复画同一个景物。他忍不住地问:"你是为订购画吗?"毕加索轻蔑地瞟了他一眼,回答说:"多么愚蠢的问题啊,要知道,即使是同一个画面,观察的角度不同,投来的光线不同,画出来也不会相同,总有一些新的元素在里头。"鲁宾斯坦听了颇受启发。他突然意识到,在自己的音乐会上,虽然一次又一次地重弹着同一首乐曲,但总有一种感觉,似乎每次都是在第一次弹奏它。显然绘画也是不可重复,哪怕是画家对自己作品的临摹。从此以后,每当他重弹同一首乐曲时,都特别注意以期弹出不同韵味的曲子来。

(连一连参考图解:牙)

【原文欣赏】

【注释】

隐—秀：含蓄—突出。藏—露：藏匿—显露。
点—面：分别表示对事物进行详叙和概述。
瞻—顾：向前看—回头看。指办事考虑周全，亦指办事犹豫不决。

【大意解说】

含蓄隐藏，突出显露。叙述要详略，考虑要周全。

【连一连】

隐　顾　　　瞻

秀　面

藏　露　点

【故事】

七匹万匹

民国学者闻一多先生有一次给中学生上艺术课。讲课前,他在黑板上写了一道算术题:2+5=?题目刚写完,同学们都觉得非常简单,马上异口同声地回答说:"等于7。"闻一多说:"在算术领域里,这道题的答案确实是7。但是,在艺术领域里,它的答案不止是7,也可能是一万。"他从包里掏出一幅名为《万里驰骋》的画卷请同学们一起欣赏。只见画卷上画有两匹奔腾的大黑马,在这两匹大黑马后面紧跟着五匹大小不一的黑马,再后是许多影影绰绰的黑点。闻一多指着画卷说:"从整个画卷上看,前后虽然只有七匹清晰可见的黑马,但大家都会感觉是万马奔腾,这难道不是2+5=10000吗?"学生听了茅塞顿开。

(连一连参考图解:沙漏)

【原文欣赏】

【注释】

完—残：完整—残缺。全—缺：齐全—欠缺。
疵—醇：缺点—纯正。瑕—瑜：分别表示玉的斑痕和光彩，比喻人的短处和长处或事物的缺点和优点。

【大意解说】

完整无缺，残缺不全。小疵有斑痕，纯正有光彩。

【连一连】

缺
　　　　全
疵
　　醇　　残
瑕
　　瑜　完

【故事】

醇瑜贵在无瑕

西汉史学家司马迁任太史令时,常要和达官贵人打交道,但他不卑不亢,时刻注意保持史官的独立性和尊严。有一次,朝廷的特权人物、皇帝的亲信李广利将军派仆人给他送了一对精美的礼物。司马迁之女见到是一对晶莹剔透的上等玉璧后,眼睛一亮,惊呼道:真是太美了!司马迁一见,也不由自主地欣赏了起来,赞叹道:如此光洁圆润,真是稀世之宝啊!女儿听到父亲的赞美后,更加兴奋。不料司马迁却神情庄重地说:"玉璧贵在纯洁无瑕,人亦应如此。我只是一个小小的太史令,不敢以玉璧自喻。但如果我收下这对玉璧,就会在心灵上留下瑕疵,在工作中就会受人控制。"女儿领悟了父亲的教诲,将玉璧收拾好,退还给了送玉人。

(连一连参考图解:有缺口的圆)

【原文欣赏】

【注释】

草—木：草本—木本。标—本：枝节—根本。
枝—干：树枝—树干。梢—根：树梢—树根。
注：标本亦指保持实物原样或经过整理，供研习参考用的自然物。医学上指用来化验或研究的东西。

【大意解说】

cǎo běn mù běn，kě zuò biāo běn。zhī jié mò shāo，zhǔ gàn gēn xì
草本木本，可做标本。枝节末梢，主干根系。

【连一连】

梢

标

根本

枝　木

干　　草

【故事】

渐入佳境

东晋画家顾恺之,曾在大司马桓温的幕府里当参军。有一次,他跟随桓温到江陵视察,当地官员前来拜见时送来了一捆当地的特产甘蔗。桓温就发给大家一起品尝。蔗根比蔗梢甜,大家都从蔗根吃起。他们边吃边赞甘蔗很甜很好吃。此时,唯独顾恺之一人出神地望着江陵美景。桓温见状,故意挑了一根很长的甘蔗,把蔗梢塞到了顾恺之的手里。顾恺之看也没看,就啃了起来。大家见了,相视而笑。桓温便问他:"这甘蔗滋味如何?"这时,顾恺之才回过神来,看到自己啃的是蔗梢,才明白大家为什么要笑。顾恺之巧妙地回答说:"渐入佳境!"就是说,他的吃法,能够觉得越吃越甜。后来,人们用"渐入佳境"来比喻境况渐好或兴味渐浓。

(连一连参考图解:树木)

【原文欣赏】

【注释】

凤、凰是禽,麒、麟是兽,各为雄雌之称。

禽—兽:飞禽—走兽。牡—牝:雄性—雌性。

【大意解说】

凤凰与麒麟,分别是鸟中之王、兽中之贵,代表吉祥和谐。飞禽走兽有雄性和雌性之分。

【连一连】

兽

麟　禽

麒牝

牡

凤凰

【故事】

蝙蝠不朝寿

在中国民间传说中，凤凰是鸟中之王，象征着吉祥和谐，麒麟是兽中之贵，象征着祥瑞。蝙蝠象征着福，在民间年画里常见到它们的形象。

凤凰生日，百鸟都前去祝贺。唯有蝙蝠没有去。凤凰责问它说："别的鸟都来了，你为什么不来！"蝙蝠说："我有脚，属于走兽，不属于你管的，凭啥要去祝贺你呢？"

麒麟生日，蝙蝠也没去祝贺。麒麟也责问它。蝙蝠说："我有翅膀，属于飞禽，不属于你管的，凭啥要向你祝贺呢？"

一日，麒麟和凤凰相会，谈及蝙蝠的事情，相互感叹道："如今这社会风气恶劣，偏偏生出这样一只不禽不兽的家伙，真拿它没办法呀！"

（连一连参考图解：鸟）

【原文欣赏】

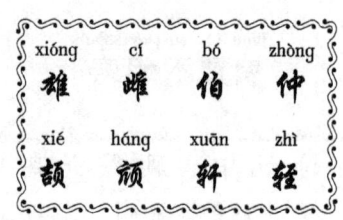

【注释】

雄—雌：雄性—雌性。伯—仲：老大—老二。

颉—颃：飞而上曰颉，飞而下曰颃。

轩—轾：车子前高后低称轩，前低后高称轾。

《幼学琼林》曰："事有低昂曰轩轾，力相上下曰颉颃。"

【大意解说】

雌雄对决，难分伯仲。力相上下，事有低昂。

【连一连】

雄　　　　　轾

　　　　颃　轩
雌　　伯　　颉
　　　　仲

【故事】

袁天罡相牛

唐朝袁天罡精通相术,李淳风拜他为师。一天,两人在郊外散步,见路上有牛的脚印。袁问李:"这是牛的脚印,你能说出这牛是雌还是雄吗?"李淳风表示不知道,袁说:"这是一头即将生产的母牛,左眼还受着伤呢!"李淳风将信将疑,找到牛后发现果然与袁说的一致。李不解地问袁:"我跟你学了这么久,怎么还不知道有这种相术呢?"袁笑道:"什么相术,只不过是经验和观察而已。母牛怀孕,如果它的左脚印深,表明要产雌牛犊;如果它的右脚印深,则表明要产雄牛犊。它只吃右边的草,说明它的左眼受着伤。"李淳风大彻大悟:原来相术是知识经验和观察推理的结果。后来他走上了科学的道路,成为唐朝著名的天文学家。

(连一连参考图解:马车厢)

【原文欣赏】

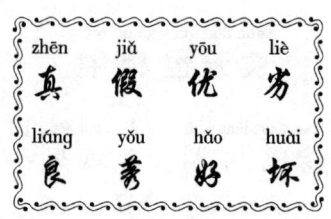

【注释】

真—假：真实—虚假。优—劣：优良—低劣。

良—莠：好苗—野草。好—坏：美善—丑恶。

【大意解说】

评定真假优劣。真质为优，假冒为劣。评定好坏善恶。

好人的品行美善，坏人的品行丑恶。

【连一连】

优　　坏

　　好

假　　莠

　　　良

真　劣

【故事】

徐溥储豆修行

明朝政治家徐溥凝重有度。少年时为了养成沉稳的性格,他效仿前人,不断地检讨自己的思想和言行。他别出心裁地想了一个办法,在书桌上放了两个瓶子,一个装黑豆,一个装黄豆。如果自己做了一件善事、说了一句好话、产生一个善念,就往装黄豆的瓶子里放一粒黄豆;相反,如果在思想和言行上有过错,就往另一个瓶子里放一粒黑豆。每天对比两个瓶里豆子的数量,以此来审视和检讨自己。起初,黑豆多,黄豆少,他就深刻地检讨自己;渐渐地,两者持平,他就自我激励,更加严格要求自己。时间长了,黄豆远远超过了黑豆。这一良好的习惯,徐溥坚持了一辈子,即使当上了宰相也没有停止过。凭借这种持久的约束和激励,他不断地自我完善,终于成为一代名臣。

(连一连参考图解:315 合体字)

【原文欣赏】

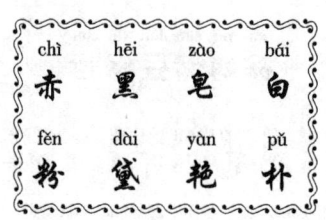

【注释】

赤—黑：红色—黑色。皂—白：黑色—白色。
粉—黛：白粉—黑粉。艳—朴：鲜艳—素净。

【大意解说】

红色和黑色，黑色和白色，形成鲜明对比。粉妆华丽，淡妆质朴。

【连一连】

　　　　　　　　粉
　　　　　皂　　　　艳
　　　　　　白　　黛

　　　　　　　黑　朴

　　　　　　　　赤

【故事】

染于苍则苍,染于黄则黄

墨子,战国时期著名的思想家,墨家学派的创始人。有一次,他经过染坊,见到洁白的生丝一旦被染上不同颜色的丝绸之后,无论如何漂洗,染色丝都无法恢复到生丝的本色。墨子感慨道:"染于苍则苍,染于黄则黄,所以染色的时候不可不慎重。治国为人也是如此啊!"

这个故事告诉人们,人的本性就像生丝一样质朴纯洁,一旦受到污染就像被染了色,要想恢复本性的质朴和纯洁,已经是不可能了。晋朝傅玄说:"故近朱者赤,近墨者黑;声和则响清,形正则影直。"意思是说,靠着朱砂会变红,靠着墨会变黑。声音相和响亮清澈,形象端正身影就直。他们说的都是同样一个道理。

(连一连参考图解:花)

【原文欣赏】

【注释】

胖—瘦：肥胖—瘦瘦。洪—纤：大—小。

美—丑：美丽—难看。妍—媸：俊俏—丑陋。

【大意解说】

形有胖瘦，体有大小。胖显得大，瘦显得小。事物有美好和丑陋，美更美，丑更丑。

【连一连】

洪

纤　　瘦

美胖媸

妍　　丑

【故事】

美人病心，丑人效颦

西施是春秋时的越国美女。她天生丽质，无论举手投足，还是一颦一笑，都会引人注目和羡慕。西施犯有心口疼病，每次疾病发作，她痛得用手捂着胸口，紧皱眉头。邻里见了，都说西施皱眉的样子更好看。同村有个长得很丑的姑娘住在东边，人称"东施"。她又懒又馋，整天涂脂抹粉，扭扭捏捏，大家很讨厌她。她见大家都说西施姿态姣美，很羡慕。于是她也学着西施捂着胸口、紧皱眉头在村里走来走去。哪知村里的人看到她那矫揉造作的丑态，更加厌恶她，躲她远远的。

成语"东施效颦"就是从这个故事里引申出来的，用来讽刺那些不知自丑、不识时务的人，只知道盲目效仿，结果却适得其反，成为社会的笑料。

(连一连参考图解：镜子)

【原文欣赏】

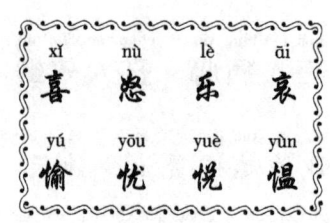

【注释】

喜—怒：喜悦—愤怒。乐—哀：欢乐—悲哀。
愉—忧：愉快—忧愁。悦—愠：高兴—生气。

【大意解说】

情感有喜、怒、哀、乐。喜而乐，怒而哀。愉快而高兴，忧愁而生气。

【连一连】

哀　　乐　　愉

怒　喜　忧

愠

悦

【故事】

闲来遇痛苦，忙中得快乐

古希腊时期，一群闲来无事的贵族学生在到处寻找快乐，却遇到许多忧愁、痛苦和烦恼。他们向当时最有学问的苏格拉底请教："老师，快乐到底在哪儿？"苏格拉底没有直接回答，而是对他们说："同学们，你们还是先帮我造一条独木船吧！"这群学生暂时把寻找快乐的事搁置一边，找来造船的材料和工具，用了近两个月的时间，制造出了一条独木船。当独木船要下水时，他们请来了苏格拉底老师一起划桨和唱歌。当大家沉浸在一片欢快的气氛时，苏格拉底问："同学们，你们快乐吗？"他们齐声喊道："快乐！"苏格拉底接着说："快乐就是这样，它往往在你为着一个明确的目的而忙得无暇顾及其他时突然降临。"学生们听了，一下子就明白了什么是快乐了。

(连一连参考图解：愉快的脸)

【原文欣赏】

【注释】

痛—快：痛苦—快乐。哭—笑：哭泣—微笑。
庄—谐：庄重—谐趣。雅—俗：文雅—粗俗。

【大意解说】

痛苦而哭泣，快乐而欢笑。庄重而高雅，谐趣而通俗。

【连一连】

　　　　　谐
　　雅
　　　　　　　庄
　　　　痛
　　哭　　快俗

　　　　　笑

【故事】

不可随处小便，小处不可随便

民国时期，书法家于右任在政府监察院工作时，发现有些工作人员为图方便，常躲在办公楼的角落里小便，既不雅观，又搞得周围空气臭气熏天。于老随手写了一则"不可随处小便"的告示张贴在那里。不料字条刚贴上不久，就被喜爱其字的人揭走。经他人一番剪裁和调整后，被装裱为"小处不可随便"的条幅挂到监察院的大雅之堂里。于老见到后惊讶不已。这一幅字也变成了当时广为流传的俗语。后来，一位行政院长应邀参访监察院的书法展，提出想亲眼见见那幅"小处不可随便"的墨宝，却无处可找。于是院长从于老的墨宝里集出这些字，重拼成一帧"不可随处小便，小处不可随便"的条幅，挂到院长办公室里以时刻警醒自己。

（连一连参考图解：大笑）

【原文欣赏】

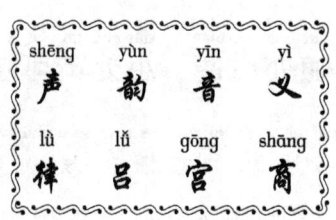

【注释】

声—韵：声音—音韵。音—义：辨音—释义。
律—吕：六律—六吕。宫—商：宫音—商音。

【大意解说】

<small>shēng zhōng yǒu yīn　yùn zhōng yǒu yì　cóng shēng　bō　zhōng biàn chū yīn　tōng guò</small>
声 中 有 音，韵 中 有 义。从 声（波）中 辨 出 音，通 过
<small>yùn lǜ zhī qí hán yì　guǎn jìng　cháng duǎn　yīn lǜ　gāo dī　jié zòu</small>
韵 律 知 其 含 义。（管 径）长 短，（音 律）高 低，（节 奏）
<small>qǐ fú chǎn shēng měi miào de yīn yuè</small>
起 伏 产 生 美 妙 的 音 乐。

【连一连】

　　　　　　律
　　　　　吕

　　　　韵
　　义　声　音

　　商　宫

【故事】

孔子学琴

孔子向鲁国演奏家师襄子学弹琴。老师教他一首曲子后,孔子反复练习,毫无厌倦。过了十天,师襄子终于憋不住了,说:"你已经弹得很不错了,可以学新曲子了。"孔子却说:"不行,我只是学会了它的曲调,但还没有掌握到它的技巧。"又过了几天,师襄子听了孔子的演奏后说:"你已掌握到它的技巧了,可以学新曲子了。"孔子说:"我还没有领悟出曲子里的情感形象。"就这样,孔子又不厌其烦地继续他的弹奏。又过了许久,孔子兴致冲冲地跑到师襄子面前说:"我已经领悟出曲子里的情感形象了,他想用仁德服人,感化四方,有王者的风范,此人应该是文王。"师襄子一听,非常惊讶,便对他说:"没错,这首曲子的名字就是《文王操》。"

(连一连参考图解:"G"谱号)

【原文欣赏】

【注释】

玑—珠：不圆的珠子—圆形的珠子。喻指诗句优美。

仄—平：曲折—平直、仄声—平声。泛指诗文的韵律。抑—扬：降低—升高。顿—挫：停顿—转折。

【大意解说】

诗句十分优美，富有平仄韵律。声音高低起伏、停顿转折，和谐动听。

【连一连】

　　　　　　　扬
　　　　　　　　顿
　　　　　　　　　挫

　　　　　珠
　　　仄　玑
　　　平　抑

【故事】

子期遇伯牙，千古传知音

春秋时期，伯牙向成连学弹琴。学了3年，伯牙虽然掌握了各种演奏技巧，但还是无法表达出情感，不能引起听众的共鸣。一天，老师带着他驾船到东海的蓬莱岛，留他一人在岛上抚琴。由于在孤寂中受到大自然强烈的震撼，伯牙的整个心灵受到了洗涤和改造，情不自禁地拿起琴，合着大自然的节拍，弹出了和谐动听的旋律。后来，他用优美的琴声认识了知音钟子期。伯牙鼓琴，志在高山。钟子期赞美道："巍巍乎志在高山！"志在流水，钟子期赞叹道："洋洋兮志在流水！"伯牙用琴声所表达的思想都被钟子期说出，两人终于成为好朋友。钟子期去世后，伯牙认为世上再无知音了，于是摔琴断弦，再也不弹琴了。后人对此非常感叹，并据此创作了《高山流水》。

（连一连参考图解：d 音符）

六　政治和军事

兵者，诡道也。故能而示之不能，用而示之不用，近而示之远，远而示之近；利而诱之，乱而取之，实而备之，强而避之，怒而挠之，卑而骄之，佚而劳之，亲而离之。攻其无备，出其不意。此兵家之胜，不可先传也。

孙武（先秦）

凡棋有益之而损者，有损之而益者。有侵而利者，有侵而害者。有宜左投者，有宜右投者。有先著者，有后著者。有紧避者，有慢行者。粘子勿前，弃子思后。有始近而终远者，有始少而终多者。欲强外先攻内，欲实东先击西。路虚而无眼，则先觑。无害于他棋，则做劫。饶路则宜疏，受路则勿战。择地而侵，无碍而进。此皆棋家之幽微也，不可不知也。

《棋经十三篇》

【原文欣赏】

【注释】

国—家：国家—家庭。朝—野：朝廷—民间。

顺—逆：顺向—逆向。引申为顺正和邪逆。

向—背：迎合—背弃。引申为拥护和反对。

【大意解说】

_{guó jiā cháo tíng} _{jiā tíng mín jiān} _{zhǐ yǒu shùn yìng shí dài de fā zhǎn cái néng dé dào}
国家朝廷，家庭民间。只有顺应时代的发展才能得到
_{shè huì yōng hù} _{fǎn zhī} _{rú guǒ wéi nì tā jiù huì zāo dào bèi qì}
社会拥护；反之，如果违逆它就会遭到背弃。

【连一连】

国　　　家　　　朝

　　　　野　　　背

　　　顺　　逆　　向

【故事】

匈奴未灭，何以家为

西汉初年，北方匈奴屡次进犯边境。汉武帝时国力强盛，对匈奴的侵略开始组织反击。霍去病就是当时涌现出来的名将。他自幼跟随舅舅卫青在军中学习，18岁便随军出征。后来他在抗击匈奴的战争中，屡立战功，名震天下。为了奖励霍去病的卓越贡献，汉武帝不但封他为骠骑将军，还在长安为他建造了一座豪华府第。当府第建好后，汉武帝还特地请他去看看是否满意。

霍去病虽然获得了高官厚禄，但他把个人的享受搁置一旁，一心以国家安危为重，对武帝的嘉奖表示万分感谢，但对府第却坚持不受，并辞谢说："匈奴未灭，何以家为！"意思是说，匈奴还没有灭掉，我怎么敢有家呢？显示了他捍卫国家安全的决心。

（连一连参考图解：翘尾"Z"）

【原文欣赏】

【注释】

燮—强：和谐—捣乱。盛—衰：兴盛—衰落。

治—乱：安定—动乱。举—废：兴办—废置。

【大意解说】

shè huì hé xié xīng shèng　shè huì dǎo luàn shuāi luò　　zhì zé xīng qǐ　luàn zé tuí fèi
社会和谐兴盛，社会捣乱衰落。治则兴起，乱则颓废。

zhì lǐ hùn luàn de zhèng jú　zhèn xīng tuí bài de shì yè
治理混乱的政局，振兴颓败的事业。

【连一连】

　　　　　　　　　治

　　　　　　衰　乱

　　　　　盛　　　举

　　　　　　强　废

　　　　　　　　　燮

【故事】

草创难，还是守成难

太宗问身边的大臣："在帝王的事业里，创业和守业哪个难？"房玄龄对答说："国家始创时，群雄竞起。只有攻破敌人，他们才肯投降；战胜敌人，他们才肯屈服，当然是创业难。"魏徵对答说："新帝王是在前朝衰乱时崛起，他推翻昏乱的旧主，赢得百姓拥戴和群雄归顺。如此看来创业并不难。而取得天下之后，渐渐滋生骄逸之心，鱼肉百姓，国家就衰败了。由此看来，守业难啊！"太宗总结说："玄龄当初跟朕平定天下，备尝艰辛，所以觉得创业难。魏徵和朕共同管理天下，担心朕起骄逸之心，把国家引向危机，所以觉得守业难。如今草创的艰辛已经过去，守业的艰辛，朕与诸位慎重对待吧！"

（连一连参考图解：盛开的花朵）

【原文欣赏】

【注释】

君—臣：君主—辅臣。诏—奏：诏书—奏表。
元—辅：元首—辅臣。股—肱：大腿—胳膊。

【大意解说】

君主下诏布告，辅臣上书表奏。元首和辅臣的关系犹如人体的大腿和胳膊。

【连一连】

肱

奏　股　君

诏　　　　　臣

辅

元

【故事】

不分离，共参事

清朝大学士纪晓岚以善辩著称于世。有一次，他陪伴乾隆皇帝南下微服私访。他俩走得饥渴难忍。路上见到一棵梨树，纪晓岚随手摘下一只梨子就吃了起来。乾隆见了，非常生气地说："孔融四岁懂得让梨，爱卿得梨为何不让，自己便吃起来了？"纪晓岚笑着说："梨者，离也，臣奉命伴驾而行，哪敢让梨（离）呢！"乾隆又说："那咱们分着吃也行呀。"纪晓岚说："哎，臣怎敢与君分梨（离）啊！"

大家又走了一段路，见路边有一棵柿树。纪晓岚摘下一只熟透的柿子，对半切开，与乾隆各半。乾隆非常奇怪，问："怎么这柿子就可以分吃了？"纪晓岚回答说："柿者，事也。臣伴君行，有事（柿）共参（餐）嘛！"乾隆被纪晓岚一语双关的话折服了。

(连一连参考图解：清朝官帽)

【原文欣赏】

【注释】

思—虑：思量—考虑。决—疑：断定—疑惑。
谋—计：谋略—计策。政—事：政务—事务。

【大意解说】

仔细思量考虑，果敢决断疑惑。谋略国家政务，计划具体事务。

【连一连】

虑　决
思　　　疑
　　谋
　计
政
　　事

【故事】

痛苦的抉择，辉煌的事业

意大利男高音歌唱家帕瓦罗蒂自幼喜爱音乐。因此，他非常渴望长大后能到音乐院校深造。可命运之神并未降到他头上，他被一所师院提前录取了，拥有了一项收入稳定且受人尊敬的教师职业。尽管职业方向和自身爱好相差甚远，帕瓦罗蒂却从未放弃对音乐的追求。他希望能在音乐领域里施展才华，于是就去问父亲。父亲开导他说："孩子，人不能同时坐在两把椅子上，那样只会掉到它们之间的地上。在事业上，你只能选择一把椅子坐下去。"帕瓦罗蒂听了恍然大悟，果断地放弃了教师职业，把自己的一生奉献给了音乐。当人们问起帕瓦罗蒂成功秘诀时，他说："放弃是一种痛苦的抉择，却是成就事业的关键，人不能同时坐在两把椅子上。"

（连一连参考图解：问号）

【原文欣赏】

轻重缓急
利害得失

【注释】

轻—重：轻微—严重。缓—急：缓慢—急速。
利—害：有利—有害。得—失：得到—失去。

【大意解说】

事情有不重要的和重要的，有缓办的和急要办的。不重要的缓办，重要的急办。做事要分清利害和计算得失。

【连一连】

急
缓　　利

重　　害
轻　得
　　　　失

【故事】

周处除害利民

晋朝周处年少时，凶悍而有侠气。他与乡里河中的一条蛟龙，山上的一只猛虎，一同被当地百姓称为"三大祸害"，而周处尤其凶恶。后来有人想了个法子，劝说周处去杀死蛟龙和猛虎，明说是为民除害，其实只是希望三个祸害通过相互残杀来减少祸害而已。于是周处立即上山杀了猛虎，又下河去斩蛟龙。周处同蛟龙搏斗，连战三日三夜都没有出来。当地百姓以为他被蛟龙吃掉了，高兴得相互庆贺。不料周处竟然杀死蛟龙后从水中回来了。他听说乡里人以为自己已死而庆贺，方知被乡里人当成了一大祸害，因此有了悔改之心。于是他经人介绍去拜访当地名士陆云，听从他的教诲，改过自勉，最终成为忠臣孝子，为百姓做了许多有益的事情。

（连一连参考图解：气球）

【原文欣赏】

【注释】

是—非：对—错。　　直—曲：笔直—弯曲。

成—败：成功—失败。功—过：功劳—过失。

【大意解说】

要分清是对还是错，是有理还是无理。对的有理，错的无理。成就事业的人有功劳，败坏事业的人有过错。

【连一连】

是　功

非　败

直　成

曲　过

【故事】

弯身五尺长，直立九尺高

清末画家李竹禅被召进宫里作画。清宫画院的画师高手云集。有一次，慈禧太后为了考查这些画师的才华，要求画师们在一张五尺见方的宣纸上画一幅九尺高的观音站像。画师们接到这一圣旨后，面面相觑，无从下手。而李竹禅沉思片刻后，随即蘸足浓墨，一气呵成，画出了一幅别具一格的观音站像。大家一看，只见画里的观音正弯腰躬身拾净瓶中的柳枝。画师们十分不解。问："这观音像身高有九尺吗？"李竹禅指着画像说："如果观音直起腰来，正好九尺。"这么一说，大家恍然大悟，赞叹不已。在众人眼里，观音的站像应该是笔直挺立的，而李竹禅却认为弯着腰也是一种站立状态，因此他顺利地完成了慈禧太后交给画师们的任务。

（连一连参考图解：正六边形）

【原文欣赏】

忠 奸 贞 淫
诤 佞 谏 谀

【注释】

忠—奸：忠诚—奸诈。贞—淫：贞操—淫荡。
诤—佞：诤谏—谄媚。谏—谀：规劝—奉承。

【大意解说】

忠臣坚贞操守，奸臣荒淫无道。忠臣诤言规劝，奸臣谄媚奉承。

【连一连】

奸　　　　　谏

忠　谀

贞　　　　　佞

淫　诤

179

【故事】

言辞不偏激，上书难奏效

唐太宗决定在洛阳修造宫室。中牟县丞皇甫德参上书说："修建洛阳宫，这是劳师动众；收取地租，这是横征暴敛；妇女喜梳高髻，这是宫里人带的风气。"太宗见到奏书后大怒，说："德参想让国家不收一租，不役一人，宫女无发，才符合其意。"欲治皇甫德参诽谤之罪。魏徵进言说："自古上书，言辞往往颇激切。言辞不激切就难以引起君主的重视。激切的言辞似讪谤。所谓'狂夫之言，圣人择焉'。即便臣子的言辞激切，也并非要君主全盘接受，而应有所甄别和取舍。不可因劝谏的言辞激切，就惩罚劝谏的人，否则以后谁还敢于上书直谏呢？"唐太宗觉得魏徵说得有理，便转怒为喜，不但没有对皇甫德参治罪，还把他提升为监察御史。

(连一连参考图解：谏书)

【原文欣赏】

【注释】

公—私：公家—私人。廉—贪：廉洁—贪污。
荣—耻：光荣—耻辱。宠—辱：宠幸—羞辱。

【大意解说】

为公廉洁，为私贪婪。光荣受到社会宠幸，耻辱受到社会羞辱。

【连一连】

耻

私（荣）　　　　　　廉（宠）

贪

公　　　　　　　　　辱

【故事】

祁奚荐才，大公无私

晋平公在位时，南阳缺了个地方长官，于是平公问大夫祁奚："谁能胜任南阳长官之职？"祁奚说："解狐。"平公听了很惊讶，说："解狐不是你的仇人吗？"祁奚说："您是问谁能胜任，而不是问谁是我的仇人。"平公称赞说："好！"于是派解狐去主政南阳。几天后，晋国准备设置国尉一职，平公又问祁奚："谁能胜任国尉之职？"祁奚说："祁午。"晋平公说："祁午不是你的儿子吗？"祁奚说："您是问谁能胜任，不是问谁是我儿子？"平公又称赞说："好！"于是任命祁午为国尉。

国人对这两项任命一致称好。孔子听到后，也感慨地说："祁黄羊内举不避亲，外举不避仇，真是大公无私啊！"

(连一连参考图解：圆桌——代表公平)

【原文欣赏】

【注释】

好—嫉：喜爱—痛恨。欲—恶：喜好—厌恶。
令—禁：号令—制止。许—拒：许可—拒绝。

【大意解说】

对事物的情感会影响到人们的态度和行为。羡慕产生喜好，嫉妒产生厌恶。有法令则许可，有法禁必拒绝。

【连一连】

嫉　　欲　　　　　　　令
　　　恶　　　　　　　禁
　　　令
　　　许

好　　拒

【故事】

子产不毁乡校

郑国百姓到乡校休闲聚会,议论当权政治的得失。郑国大夫然明对子产说:"把乡校毁了,怎么样?"子产说:"为什么要毁掉呢?百姓早晚干完活回来到那里相聚聊天,议论一下当政的得失。百姓喜欢的,我们就推行;百姓厌恶的,我们就改正。这是我们的老师啊。我听说择善而行能减少怨恨,没听说过以权仗势能防止怨恨。要想立即制止这些议论还不容易吗!然而那样做就像堵塞河流,河流决口造成的损失,伤害的群体必然很多,我是无法挽救的;不如开个小口疏导,不如听取百姓议论后把它当作治病的良药。"然明说:"我现在才明白您确实是个成大事的人。小人确实无能。如果真是这样做,郑国就会强大起来,惠及的利益不只是我们这些做臣子的!"

(连一连参考图解:拦杆)

【原文欣赏】

【注释】

称—訾：称颂—诋毁。誉—毁：赞誉—毁损。
臧—否：褒奖—批评。褒—贬：好的—坏的。

【大意解说】

称颂赞誉，责备訾毁。褒奖好的，批评坏的，要恰当地评论人物的好坏。

【连一连】

毁
臧

誉　否　褒
訾

称　　　贬

【故事】

齐威王除奸赏忠

战国时期,齐威王属下有两个地区的大夫,在朝廷内出现了两种截然不同的声音。即墨大夫是每天都有受指责的话传来,而阿地大夫是每天都有受称赞的话传来。于是,齐威王暗中派人到即墨和阿地调查。结果发现即墨地区田地开辟整治、百姓丰裕富足、官府平安无事,因而当地十分安定。而阿地地区田地荒芜、百姓饥饿贫困,甚至连邻国来齐夺城占地,阿地大夫也坐视不救。齐威王知道事实真相后,提拔了不巴结朝廷内臣的即墨大夫,并封给他万户侯的俸禄,处以阿地大夫和收受阿地大夫贿赂而替他说好话的朝廷内臣极刑。这使齐国上下大为震动,齐国的官吏再也不敢弄虚作假,老实为官,扎实做事。齐国因此大治,成为天下最强大的国家。

（连一连参考图解：大拇指,表示"赞"）

【原文欣赏】

【注释】

彰—瘅：表彰—憎恶。善—恶：好的—坏的。

奖—惩：奖励—惩罚。赏—罚：奖赏—处罚。

【大意解说】

表彰好的一面，斥责恶的一面。奖赏有功之臣，惩罚有罪之人。

【连一连】

恶

瘅　善　　奖　惩

彰　　赏

罚

【故事】

孩儿虽道得，老人行不得

唐朝诗人白居易出任杭州刺史时，耳闻鸟窠道林禅师的大名，就去拜访他。

白居易问："禅师，佛法大义讲的是什么？"

道林禅师不假思索地回答说："诸恶莫作，众善奉行。"

白居易起初以为道林禅师会给他讲些深奥的道理，听后忍不住地笑着说："这句话，连三岁小孩也知道，也会讲呀。"

道林禅师又回答说："三岁小孩也知道，但八十老翁也难奉行啊！"

白居易听完这句话，不禁为道林禅师的智慧而折服。

（连一连参考图解：奖章）

【原文欣赏】

【注释】

聘—辞：聘任—辞退。任—免：任命—罢免。
黜—陟：黜退—晋升。幽—明：昏愚—贤明。
《尚书》曰："三载考绩，三考黜陟幽明。"

【大意解说】

招聘和任用人才，辞退和罢免庸才。黜退昏愚的官员，晋升贤明的官员。

【连一连】

聘　辞

　　任　免

　　　黜　陟

　　　　明　幽

【故事】

孝文帝改革黜陟制

南北朝北魏时期,冯太后临朝时曾改革吏治,对官吏实行三年一次考核,连续经过三次考核后才决定他们的升迁罢黜。孝文帝亲政后发现,过去这种考核制存在着诸多弊端,不但对官吏没有起到太大的震慑作用,而且延误了国家提拔有用人才的时间,因此他决定对这一制度进一步改革,将它改为一考黜陟制,即三年一次考核便决定官吏的升迁任免,继续提拔有才华的人,降黜没有才华的人,才华一般的留任下次考核再决定升迁。

这样,经过孝文帝对黜陟等一系列制度大刀阔斧的改革后,北魏的政治、经济有了较大的发展,孝文帝也成为中国历史上最有作为的帝王之一。后来,人们用"一考黜陟"比喻行事关键,进退立晓。

(连一连参考图解:台阶)

【原文欣赏】

【注释】

圣—凡：圣人—凡人。贤—庸：贤达—平庸。
王—霸：王业—霸业。英—嵬：英明—险诈。
古人云：国以任贤使能而兴，弃贤专己而衰。贤不肖不杂，则英杰至；是非不乱，则国家治。

【大意解说】

圣人贤达，凡人平庸。王者英明，霸者险诈。

【连一连】

贤　　　　　霸
　庸　　　王
凡　　　英

圣　　　嵬

【故事】

王者与友处，霸者与臣处

战国初期，燕昭王即位，思贤若渴。他向贤士郭隗请教强国之计。郭隗说："成就帝业的人以贤为师，成就王业的人以贤为友，成就霸业的人以贤为臣，亡国的人以贤为仆役。如果能谦卑地对待贤士，倾听他们的教诲，那么超出自己才华百倍的人就会来；早学晚休，先求教人后再沉思，那么才华胜过自己十倍的人就会来；自己跟着别人做，那么才能与自己相当的人就会来；如果仗势凌人地指使人，那么役差就会来；如果待人骄横粗暴，那么就只有奴隶和犯人会来。大王若要广选国内的贤士，就应亲自登门拜访，天下的贤士听说大王的这一举动，一定会投奔燕国来。"昭王听从郭隗的建议，果然天下贤士纷至沓来，燕国迅速地强大了起来。

(连一连参考图解：虎脸轮廓)

【原文欣赏】

【注释】

文—武：文才—武艺。柔—刚：柔弱—刚强。

松—紧：放松—加紧。弛—张：松弛—紧张。

《格言联璧》曰：天下最有受用，是一闲字，然闲字要从勤中得来。天下最讨便宜，是一勤字，然勤字要从闲中做出。

【大意解说】

文为柔，武为刚。文韬武略，刚柔兼济。一放就松，一收就紧，松紧有度，弛张有节。

【连一连】

刚

松　张　柔

弛

紧武

文

【故事】

文武之道，一张一弛

春秋时期，民间有一个祭祀百神的"蜡节"。有一年，子贡随孔子去观祭礼。在回来的路上，孔子问子贡："你觉得好玩吗？"

子贡回答说："一国的人都兴奋得像发了疯似的，可是我并不觉得有什么好玩儿的。"

孔子微笑地说："百姓辛苦劳作了百日，一天的娱乐和放松，这是国君给予百姓的恩惠，不是你能明白的。一直把弓弦绷得紧紧的而不松手，这是文王、武王也无法做到的；相反，一直放松而不紧张，那是文王、武王也不愿意做的。只有有时劳动，有时休养，有时紧张，有时放松，劳逸结合，张弛有度，这才是文王、武王治国安民的道理。"

子贡听了，深受教诲，终于明白了张弛之道。

（连一连参考图解：靶子）

【原文欣赏】

【注释】

仁—暴：仁爱—凶恶。慈—戾：慈爱—凶暴。

威—侮：敬畏—侮薄。严—懈：严格—松懈。

【大意解说】

仁爱慈善，凶恶残忍。威武严厉，侮薄懈怠。

【连一连】

　　　　　　戾　　威　　侮
　　　　　懈

　　　　　　严
　　　　　　仁　　暴　　慈

【故事】

网开三面

夏桀残暴无道,众叛亲离。商汤关心民众疾苦,深受诸侯和百姓们的拥护与爱戴。一天,商汤外出巡行,见有人正在撑网捕鸟兽。网刚打开,那个人口中便念念有词:"愿天上所有的鸟兽都落入我的网里吧!"商汤听到后,对那个人说:"这不是太残忍了吗!天下所有的鸟兽岂不是要被捕尽杀绝!除非像夏桀那样残暴的人,还有谁会干出这种斩尽杀绝的蠢事!"商汤建议那个人把网收起三面,只留下一面,教那个人祷告说:"鸟兽们,你们愿意往左就往左,愿意往右就往右,我只捕捉那些不要命的。"诸侯和百姓们听到这件事情后,十分感动,说:"商汤太仁慈了,连鸟兽都会得到他的恩泽。""网开一面"这个成语就是由此演变而来的。

(连一连参考图解:区)

【原文欣赏】

【注释】

军—民：军队—民众。将—士：将领—士兵。
休—戚：欢乐—忧愁。欢—悲：欢喜—悲伤。

【大意解说】

国防支柱：军队、百姓、将领、士兵。军民的喜乐悲愁紧密联系。

【连一连】

休

悲　军
士　　　　　戚
将　民　　欢

【故事】

军民鱼水情，将军爱士兵

解放战争期间，彭德怀所领导的西北野战军驻扎在陕甘地区的安塞。这里干旱缺水，部队每天要走出十多里路，从石缝里接泉水来饮用。后来偶然发现了一处老乡贮水池，就用了。彭总知道后，严肃地批评说："你们喝甜水，群众喝什么？只能喝苦水！这是违反群众纪律的。"大家只好又到老地方去接泉水，受到百姓的称赞。抗美援朝时，天寒地冻。时任志愿军总司令的彭德怀在一次外巡时遇到巡逻哨兵。彭总喊住他，叫他把鞋脱下。哨兵不解。彭总说："我要摸摸你的鞋底。"哨兵不敢，推说脚臭。彭总还是坚持要哨兵把鞋脱下。哨兵无奈，只好把鞋脱下，拿给了彭总。彭总把手伸进鞋里一摸，发现哨兵的鞋里很潮，于是下令必须给每个战士发两副鞋垫轮换。

（连一连参考图解：心连心）

【原文欣赏】

【注释】

生—死:生存—死亡。存—亡:存在—消逝。
安—危:安全—危险。夷—险:平坦—崎岖。

【大意解说】

huò shēng cún　huò sǐ wáng　shè huì jú shì yǐ dào jǐn yào guān tóu　huò ān níng
或生存,或死亡,社会局势已到紧要关头。或安宁,
huò wēi nàn　guó jiā xíng shì yǐ jīng pò zài méi jié
或危难,国家形势已经迫在眉睫。

【连一连】

　　　　　　　　　死
　　　夷　险　生
　　　　　　　　　存
　　　危　　　安
　　　　　　　　　亡

【故事】

苏步青数学救国

数学家苏步青起初对数学并没有好感，认为数学如游戏，简单而无实际用途。后来的一堂数学课把苏步青引向通往数学王国的路。那是苏步青上初三时，留日归国的数学杨老师在开学第一课上，带着忧国忧民的深情对他们说："当今世界列强仰仗自身强大的科技和军事实力到处瓜分世界，我中华民族也正面临着被瓜分的危机。"他还旁征博引地讲述了数学在社会各领域的巨大作用。最后他疾呼："为了中华民族的生存和发展，我们必须振兴科学，而数学是科学的基础，因此大家必须学好数学。"杨老师的话深深震撼了诸位学子的心灵。从此，苏步青爱上了数学，他的兴趣也发生了改变，从文学转向了数学，并立下了"读书不忘救国，救国不忘读书"的座右铭。

（连一连参考图解：安全出口标志）

【原文欣赏】

【注释】

抵—侵：抵抗—侵略。御—击：防御—攻击。
抚—剿：招抚—征剿。降—抗：投降—抵抗。

【大意解说】

军民共同抵抗外寇的侵略，防御敌人的袭击。招抚投降的敌人，剿灭顽抗的敌人。

【连一连】

御　　击

抵　　侵　　抚　　剿

抗　　　　降

【故事】

贺龙降服烈马

共和国元帅贺龙小时候十分聪明勇敢,13岁时就跟着姐夫当骡子客赶马帮。他们常到贵州凯里赶集。凯里是当时中国西南部有名的骡马交易市场。贺龙生性喜欢马。有一次,他在凯里集市上见到一匹雄壮异常的黄骠马,留念得不舍离去。卖马人笑着对他说:"小伙子,你看怎么样?你要是敢骑上它跑两圈,我这匹黄骠马就白送给你。"这是一匹烈马,只因卖马人无法驾驭才想转手。贺龙一听,来了劲,从卖马人手里接过缰绳,纵身跃上烈马。烈马开始强烈反抗,乱蹦乱跳。集市上的人见状,纷纷找地方躲闪。最后,烈马还是被贺龙降服了,卖马人信守承诺,果真把烈马送给了贺龙。从那以后,少年英雄贺文常的名字就在湘、黔、川、滇边区流传开了。

(连一连参考图解:巡逻艇)

【原文欣赏】

lǐng　fā　zhāo　huī
领　发　招　挥
jìn　tuì　gōng　shǒu
进　退　攻　守

【注释】

领—发：领取—发放。招—挥：招来—挥去。
进—退：前进—后退。攻—守：进攻—防守。

【大意解说】

jiē shòu mìng lìng zhào jí rén mǎ　　fā chū hào lìng huī dòng jūn duì　　qián jìn shì wèi le
接受命令召集人马，发出号令挥动军队。前进是为了
jìn gōng　　tuì què shì wèi le fáng shǒu
进攻，退却是为了防守。

【连一连】

进

招

挥　　退

发　守

攻

领

【故事】

岳飞从军反侵略

宋朝将军岳飞自幼喜好读书,尤爱兵法。由于从小虚心求教,勤学苦练,岳飞很快成长为智勇双全的将领。为了抵抗外敌的侵犯,20岁的岳飞应募参军,后因屡立奇功,不断升迁,最后成为宋军的主帅之一。岳飞所领导的军队纪律严明,所向披靡,被敌人赞叹为"撼山易,撼岳家军难"。后来金兵攻打拱州、亳州,宋高宗急令岳飞火速增援,岳飞调兵遣将,分路出战,亲自率领轻骑兵入驻郾城,兵锋士气旺。但是,高宗和秦桧决定与金议和,向金称臣纳贡。就在岳飞正准备过黄河收复失地时,宋高宗和秦桧却连发12道紧急金牌班师诏,迫使岳飞班师南归。后岳飞被秦桧以"莫须有"的罪名毒死在临安风波亭里。

(连一连参考图解:旗)

【原文欣赏】

慎 忽 准 误
佚 惫 赢 输

【注释】

慎—忽：慎重—怠忽。准—误：准确—错误。

佚—惫：安逸—疲惫。"佚"通"逸"。

【大意解说】

只有慎重才能准确，怠忽必会出现错误。安逸之师会赢，疲惫之师会输。

【连一连】

　　　慎　　　　　输
　　　　忽　　　赢

　　　　准　惫

　　　　　误佚

【故事】

疏忽一点,慎重一生

化学家卢嘉锡在上大学时的一次随机测试中把答案的小数点写错了一位,结果老师只判给了该题 1/4 的分数。卢嘉锡对此有点儿想不通,老师开导他:"如果在设计一座桥梁时,我们把小数点放错一位将会产生什么后果?所扣的分数就是因为你把小数点放错了位置。"如何避免把小数点放错位置呢?卢嘉锡思考着,后来他找到了一种毛估法。无论是练习考试还是立题研究,他都事先根据题意提出简单而又合理的基本模型,然后毛估出答案的大致范围,如果所得的结论超出这个范围,就从头到尾检查一下计算的方法和过程是否正确。这种做法使他有效地克服了因偶然疏忽而产生的错误。后来他将这种办法应用到科研工作中取得了很好的成果。

(连一连参考图解:V,表示胜利)

【原文欣赏】

【注释】

强—弱：健壮—虚弱。大—小：大—小。

勇—怯：勇敢—胆怯。劲—挠：劲直—屈挠。

【大意解说】

bīng mǎ qiáng zhuàng xiǎn de gāo dà，bīng mǎ léi ruò xiǎn de bēi xiǎo。yǒng gǎn zhě jìng
兵马强壮显得高大，兵马羸弱显得卑小。勇敢者劲
zhí，dǎn qiè zhě qū náo
直，胆怯者屈挠。

【连一连】

　　　　　　弱
　　　大
　　　　　小
　　　　　　　　劲　　　强
　　　　　　　　　挠
　　　　　勇　　怯

【故事】

坚持做到底，才能有成就

古希腊时期，一群学生问当时著名学者苏格拉底，怎样才能成为像他那样学识渊博的人。苏格拉底没有直接回答，只是说："今天我们大家一起来做一个最简单也是最容易的动作，即每个人把胳膊尽量往前甩，然后再尽量往后甩。"说着，苏格拉底亲自示范了一遍，"从现在开始，大家每天都坚持做三百下，能做到吗？"学生们都笑了：这么简单的事，有什么做不到的。

过了一个月，苏格拉底问学生："有哪些同学坚持在做甩胳膊动作？"绝大多数的学生举起了手。一年之后，苏格拉底再问学生："还有哪些同学仍坚持在做？"这时只剩下一个学生举起了手，这个学生就是后来成为大学问家的柏拉图。

（连一连参考图解：跷跷板）

【原文欣赏】

【注释】

捭—阖：分化—拉拢。敌—友：敌人—朋友。
竞—协：竞争—协作。战—和：战争—和平。

【大意解说】

分化与瓦解敌人，拉拢与结交朋友。竞争犹如战争，协作促进和平。

【连一连】

捭　　阖

友　　敌

竞　　协

　　　和

　　战

【故事】

暂结盟敌人，久疲其盟友

春秋时期，晋楚两个强国争夺郑国。晋国联合七国一起围攻郑国，弱小的郑国非常害怕，连忙派出使者前去求和。

主将荀偃力主作战，说："要继续围困郑国，等楚军来救郑国时，就能与楚军决一死战。如果现在和郑国议和，那就得不到任何好处。"

荀罃却说："倘若我们与郑国结盟，楚国就会对郑国兴师问罪。待他们两败俱伤后，我军就能一举两得。"

群臣一致赞同荀罃的意见，于是接受郑国的求和。果然，楚国派兵去声讨郑国，郑国又与楚国重新结盟。后来，晋国改变了军事策略，多次佯兵讨伐郑国，但楚军由于长途跋涉，疲于奔命，不得不放弃援救郑国。最终晋国吞并了郑国。

（连一连参考图解：弓）

【原文欣赏】

自(zì) 及(jí) 古(gǔ) 今(jīn)
警(jǐng) 匪(fěi) 追(zhuī) 逃(táo)

【注释】

自—及：从—到。古—今：过去—现在。

警—匪：警察—匪徒。追—逃：追捕—逃跑。

《管子》曰："疑今者察之古，不知来者视之往。"

【大意解说】

从(cóng)过(guò)去(qù)到(dào)现(xiàn)在(zài)。警(jǐng)察(chá)追(zhuī)捕(bǔ)逃(táo)匪(fěi)，将(jiāng)他(tā)们(men)绳(shéng)之(zhī)以(yǐ)法(fǎ)。

【连一连】

古

今　　警　自　　及

逃　匪

追

【故事】

人赶猫追鼠，猫见鼠就逃

俄国作家契诃夫的叔叔很喜欢养猫。他精心饲养了一只小猫。为了从小培养猫的捕鼠能力，他用鼠笼捉来一只老鼠训练小猫捉鼠。小猫的捕鼠本能尚未显现。当老鼠从笼里跑出来时，小猫只是蹲在地上静静地观察着跑来跑去的老鼠，没有任何敌意。叔叔想让小猫去追捕老鼠，就用棍子去赶小猫，可是小猫一点儿兴趣也没有，叔叔就对小猫鞭打臭骂。第二天，那只老鼠又被放到小猫面前。小猫心生害怕，开始有意躲避老鼠。叔叔见了非常恼火，又是对小猫鞭打臭骂。这样反复不断地训练。几个月后，小猫长成一只雄健威武的大猫。但出现了一个严重的问题，只要这只小猫看到老鼠，它就会惊叫起来，吓得往外逃。对此人们不禁要发问：这样的后果该怪谁呢？

（连一连参考图解：伞）

【原文欣赏】

德 刑 赏 诛
赦 咎 遵 违

【注释】

德—刑：仁德—刑罚。赏—诛：宽纵—惩罚。
赦—咎：赦免—追究。遵—违：遵守—违犯。

【大意解说】

教化宽纵，刑罚惩处，两种并用。赦免遵纪守法者，追究违法乱纪者。

【连一连】

赏　　　咎

刑德　　违遵
　诛赦

【故事】

治世以大德，不以小惠

三国时期，丞相诸葛亮厉行法治，赏罚分明，使蜀国日益强盛起来。但也有人抨击诸葛亮在发布赦令上很吝啬，而法令又过于苛刻。诸葛亮对此反驳说："治理天下应以大德为根据，而不该随意施舍不当的小恩小惠。所以汉朝的匡衡、吴汉在治国理政时就认为无故开赦罪犯不是件好事。先帝刘备也曾说过：'我曾与陈纪、郑玄来往，从与他们的交谈中，我可以明白天下兴衰治乱的道理，但他们从没有说过大赦罪犯也是治国之道。'刘表父子每年都有大赦之令，这对治理国家有什么好处呢？"

诸葛亮去世后，费祎主政。他一反诸葛亮那套严明的政治制度，改用姑息宽赦的政治措施。不久，蜀国国势开始削弱，后被魏国取而代之。

（连一连参考图解：天平）

七　学业和思想

　　读书使人充实，讨论使人机智，笔记使人准确。因此不常作笔记者须记忆特强，不常讨论者须天生聪颖，不常读书者须欺世有术，始能无知而显有知。读史使人明智，读诗使人灵秀，数学使人周密，科学使人深刻，伦理学使人庄重，逻辑修辞之学使人善辩；凡有所学，皆成性格。人之才智但有滞碍，无不可读适当之书使之顺畅，一如身体百病，皆可借相宜之运动除之。

弗兰西斯·培根（英国）

　　成功的科学家往往是兴趣广泛的人。他们的独创精神可能来自他们的博学。多样化会使人观点新颖，而过于长时间钻研一个狭窄的领域，则易使人愚蠢。

贝弗里奇（英国）

【原文欣赏】

【注释】

师—徒：师傅—徒弟。带—跟：引导—跟随。
教—学：教授—学习。传—习：传授—习练。

【大意解说】

师傅引导，徒弟跟随。老师教育学生，传授知识；学生学会为人，相因践行。

【连一连】

徒

学

带　　　师教　　传

习

跟

【故事】

列子学射

关尹子是春秋战国时期的人,善于射箭。列子向他学射箭。当列子已经能连续射中靶心好几箭时,就去问关尹子:"这可以算是学会射箭了吗?"关尹子反问他:"你明白射中靶心的道理吗?"列子回答说:"不明白。"关尹子说:"不明白就不能算是学会了射箭。"列子回去后继续训练,并认真研究射中靶心的道理。过了3年,列子的箭术进步非常快,技艺也十分娴熟,达到了百发百中的程度。他再次去向关尹子汇报。关尹子还是问他:"现在你明白射中靶心的道理吗?"列子说:"明白了。"关尹子说:"那很好,你已经学会射箭了。要知道,无论做什么事情,都要明白它内在的道理。不但是学射箭,治理国家或为人处世也应该这样。"

(连一连参考图解:大圈带动小圈)

【原文欣赏】

【注释】

告—问：告诉—询问。说—听：说话—听讲。

必—毋：一定—不要。谆—藐：诚恳—轻视

【大意解说】

老师回答解说，学生提问听讲。说者务必诚恳，听者切勿轻视。

【连一连】

告　藐　谆

问　毋

说　必

听

【故事】

刘向谈读书诀窍

西汉史学家刘向从小酷爱读书,几乎通晓每一部经书典籍,是当时最著名的大学问家。有位年轻的学生非常仰慕刘向,向他请教读书学习的诀窍,问:"您是怎样懂得这么多知识的?"刘向回答说:"读书学习没什么诀窍。如果有,那就是勤学好问。一个人即使学问再深,看过的书再多,都会有不懂的方面。有些人认为向别人请教是一件很丢人的事情,耻于问人,于是不懂装懂,自以为是,那么他的学识就难以再进步了。而有些人并不把请教别人当作丢人的事情,而是看作提高自身学识水平的机会,所以一碰到问题就去思考、学习和发问,这样,他的学识水平就会越来越高。如果在读书学习中懂得发问和思考,那么你就已经掌握它们的诀窍了。"

(连一连参考图解:铅笔)

【原文欣赏】

【注释】

纲—目：总纲—细目。总纲网罗细目，细目充实总纲。博—约：丰富—简要。指文章内容广博，言简意明。繁—简：繁多—简约。详—略：详细—简略。

【大意解说】

大纲内容丰富，细目简单明了。繁多详细，简约不烦。

【连一连】

目　纲

博

繁　约

简

详　略

【故事】

爱因斯坦的读书三步法

物理学家爱因斯坦在读书中,养成了一种"总—分—合"读书法。

所谓总,就是先浏览前言、后记等介绍性文章,再而阅读目录,概括了解全书的结构、体系和要点等,这样对全书有了总体的认识。

所谓分,就是在略读的基础上,详读书中的重点、要点及自己所需要掌握的内容。

所谓合,就是经过认真思考和综合,把获得的知识点条理化、系统化,弄清全书的内在联系,以达到总结、深化和提高的目的。

"总—分—合"三步骤阅读法,让爱因斯坦获得了全面而深刻的知识体系和优秀的思维方式,为他建立新学说打下了良好的思想根基。

(连一连参考图解:})

【原文欣赏】

【注释】

难—易：困难—容易。奥—显：深奥—浅显。
偏—兼：偏向—兼顾。忘—记：遗忘—牢记。

【大意解说】

艰深难懂，简单明了。偏向易忘，兼顾易记。知识点只有联系上下的句文，才好理解和记忆。

【连一连】

难

易记

偏

奥显　兼忘

【故事】

思之不易,行之不难

西蜀边远地区,有两个和尚,一富一贫。

贫和尚对富和尚说:"我想去南海云游,你看怎么样?"

富和尚鄙视地说:"你凭什么去啊?"

贫和尚说:"我只需一个水瓶、一个饭钵就够了。"

富和尚说:"几年来我就想雇只小船去,一直还没去成,就凭这两样东西,你哪能去得了?"

过了一年,贫和尚从南海归来,用他的实际行动告诉富和尚他做到了。富和尚知道后十分惭愧。

清朝文学家彭端淑听到这个故事后,感慨地说:"从四川到南海,不知道有几千里远,富和尚去不了,穷和尚却去了。人们立志,还赶不上四川偏僻地区的和尚吗!"

(连一连参考图解:塔)

【原文欣赏】

【注释】

加—减：加上—减去。乘—除：乘法—除法。
加减乘除：算术的四则运算，借指事物的消长变化。总—分：总体—部分。等—差：相同—差异。

【大意解说】

乘由同数连加而来，除由同数连减而来。总数由分数构成，数之间存在相同和差异。

【连一连】

除

减 加

乘 分

差 等

总

【故事】

加减乘除,其法仍然

清末学者辜鸿铭曾经担任过张之洞的幕僚。中日甲午海战后,日本首相伊藤博文到中国漫游,途经武昌时,与张之洞有过交谈。

随同张之洞会客的辜鸿铭将刚出版的《论语》英译本赠送给了伊藤博文。伊藤博文已知辜鸿铭是保守派中的代表人物,便借机调侃说:"耳闻你精通西洋文化,难道还不明白孔子之教能行于两千多年前,却不能行于二十世纪的当今吗?"

辜鸿铭不甘示弱,回答说:"孔子之教好比数学领域里的加减乘除,在数千年前,其算法是三三得九,如今它的算法依然是三三得九,颠扑不破,并不会三三得八。"

伊藤博文竟一时无言以对,只好微笑颔首。

(连一连参考图解:百分号)

【原文欣赏】

【注释】

单—双：单数—双数。奇—偶：奇数—偶数。

众—鲜：众多—稀少。多—少：量多—量少。

【大意解说】

数分为单数和双数，即奇数和偶数。量有众多与鲜少，应明确具体数字。

【连一连】

　　　　双　单

　　　　奇　偶

　　　　　　众

　　　鲜　　少

　　　　　　多

【故事】

象棋里的数字

古印度舍罕王的大臣发明了国际象棋。一天，刚和大臣下完一盘棋的国王觉得象棋好玩儿，决定重赏大臣。大臣说："国王，您只要奖赏我一些麦子就行了。即在棋盘的第一格里放1粒，第二格里放2粒，第三格里放4粒，第四格里放16粒。以此类推，把64格棋盘放满就够了。""你真的只需这么点儿奖赏吗？"国王听了又反问道，并立即叫侍从拿来一袋麦子，让他按大臣的要求来放麦粒。精明的侍从略微估算了一下，认为这是不可能办到的。后来，经过详细计算，发现如果要把棋盘64格全放满麦粒的话，需要用一个20位数字的麦粒。就算把全印度甚至全世界的麦粒都拿来，也无法满足这个要求。当舍罕王得知这一巨大的天文数字时，惊骇得目瞪口呆。

（连一连参考图解：数学"万"字符）

【原文欣赏】

【注释】

长—短：长度大—长度小。宽—窄：范围大—范围小。
高—低：上位置—下位置。深—浅：深度—浅度。

【大意解说】

量度有长短，范围有宽窄。长显得宽广，短显得狭窄。位置有高低，深度有深浅。有多高就有多深。

【连一连】

长　浅

短　宽　低　深

窄　高

【故事】

奇特的电报

美国发明大王爱迪生年少时曾在铁轨上救过一位火车站长的孩子。因此，站长教会了爱迪生操作电报的技术和方法。一年夏天，爱迪生的家乡突降一场特大暴雨，一切可对外联络的交通和通信设施都被摧毁了，家乡陷入一片汪洋之中，人们的生活受到极大的影响。有何法子同外界联系上呢？这时呜呜的火车汽鸣声启发了爱迪生。他突然想到：电报是利用电流通电时间的长短来传达信息的，何不用汽鸣的长短变化来发一份救援信号呢？他把自己的想法告诉了站长。站长觉得这个办法十分可行，于是用长短不一的汽鸣声，发出了一份奇特的求援信号。不久，远处也传来了回答的汽鸣声。中断的通信手段又恢复了，家乡的百姓获得了外部的援助。

（连一连参考图解：圣诞树）

【原文欣赏】

【注释】

方—圆：方形—圆形。矩—规：方矩—圆规。
数—形：数量关系—空间形式。数学包括数形两方面。量—质：数量—性质。分别表示定量和定性两方面。

【大意解说】

方形的矩，圆形的规。方圆由规矩制成。数系着量，形系着质，数量由形质规定。

【连一连】

圆

质　量

方　　　　矩

数　形

规

【故事】

毕达哥拉斯发现定理

毕达哥拉斯是古希腊著名的数学家和哲学家。他善于用数学去观察世界和解决问题。有一次他应邀到朋友家做客。当大伙都在高谈阔论时,他突然被主人家地板上的方形瓷砖吸引住了。他忘却了一切,索性蹲了下来,对地板上的瓷砖进行测量和计算。

原来,毕达哥拉斯从这些大小如一、排列工整的方形瓷砖里,隐约地感觉到它们之间一定潜藏着某种数学关系。他以彼此相邻的四块方砖的对角线为边,画出了一个新的正方形,这个新正方形的面积正好等于两块方砖的面积。

经过认真计算和仔细研究之后,毕达哥拉斯大胆地作出了假设:任何直角三角形,其斜边的平方等于另外两边的平方和。这就是著名的毕达哥拉斯定理。

(连一连参考图解:内方外圆)

【原文欣赏】

【注释】

首—尾：开头—结尾。端—末：始—末。

初—终：开始—结束。始—卒：开始—完毕。

【大意解说】

有头有尾，有始有终。事物都有开端和结束，做事要有始有终。

【连一连】

始
端

卒末　　　　　尾终

首
初

【故事】

一问三不知,怎能不碰壁

公元前468年,晋国将军荀瑶率兵攻打郑国。齐国派陈成子带兵去援救郑国。两军对垒之际,齐军谋士荀寅报告陈成子说:"有个从晋军来的人告诉我说,他们准备出动千辆战车来偷袭我军的营地,要把我军全部消灭掉。"陈成子听到这种小道消息的报告后,不但没有采纳,还把荀寅训斥了一顿。荀寅自讨没趣,后来他反思说:"聪明人计谋事情,要对事情的开始、过程、结果三方面通盘考虑,然后才向上报告。而我对这三方面都不清楚就急着向上报告,怎能不受到诘责呢!"

几天后,荀瑶深知自身实力不足,撤出了郑国,陈成子也率兵回了齐国。后来人们用"一问三不知"来表示对事情的来龙去脉都不知道。

(连一连参考图解:回环—自始自终循环不绝)

【原文欣赏】

【注释】

因—果：原因—结果。原—委：发源—归宿。
源—流：源头—流水。潜—现：潜在—现实。

【大意解说】

要认识事物之间的因果关系及其来龙去脉。源头是潜在的，流水是显在的。流水从源头来，现实由潜在演变而来。

【连一连】

　　　　　　　　　　　　　委
因　果　源（原）
　　　　　　　　　流　　　　现
　　　　　　　　　　潜

【故事】

深究其因，找出根源

美国杰斐逊纪念馆曾遭受超乎寻常的损坏。为此，纪念馆组织专家进行调查，发现冲刷墙壁用的洗洁剂对纪念馆有酸蚀作用，而它被冲洗的次数大大多于其他建筑，因此受酸蚀严重。为何要经常冲洗？因为纪念馆常被大量的鸟粪弄脏。为何会有那么多鸟粪？因为纪念馆周围聚集了特别多的燕子。为何燕子要聚在那里？因为纪念馆上有很多燕子爱吃的蜘蛛。为何这里的蜘蛛多？因为这里有很多蜘蛛爱吃的飞虫。为何这里飞虫多？因为飞虫在这里繁殖特别快。为何飞虫在这里繁殖特别快？因为这里的灰尘最适宜飞虫繁殖。灰尘受到从窗子照进的充足的阳光沐浴，形成了特别适宜飞虫繁殖的温床。专家最终找出问题之源和解决之法：拉上窗帘，挡住过分充足的阳光。

(连一连参考图解：河流)

【原文欣赏】

【注释】

未—已：不曾—曾经。无—有：没—有。

微—著：细微—显著。渐—突：渐变—突变。

【大意解说】

事情存在尚未发生或已经发生两种情形。"无"是尚未发生的事，"有"则是已经发生的事。任何事物都是从无到有，从小到大，在渐进中产生跳跃式转变。

【连一连】

微　有

著　无

渐　已

突　未

【故事】

箕子见微知著

纣刚当上商王时，就让工匠用象牙为他制作了一双筷子。他的叔父箕子见了十分担忧，认为一旦用上象牙筷子，就再也不会用土制的碗碟来盛饭菜，必须用玉制的杯碟才能相称；用了玉杯玉碟和象牙筷子，也就不会用它们来盛那些粗茶淡饭，而是要盛象尾豹胎之类的山珍海味了；吃了象尾豹胎，就再也不会穿粗布、住矮房了，一定要穿绸缎、住大厦。这样下去，享乐的欲望就会不断的膨胀，必然要通过搜刮民脂民膏来满足，国家就会危在旦夕了。果然不出箕子所料，这些事情接二连三地出现了。商纣王的暴戾之政闹得众叛亲离，600多年来历代商王苦心经营的商朝迅速地瓦解崩溃，被周朝取而代之。因此，所谓的圣人就是见微知著——从端倪预见后果。

（连一连参考图解：放大镜）

【原文欣赏】

【注释】

屡—罕：屡次—稀罕。普—特：普遍—特殊。
曾—曾：曾经—未曾。甚—尠：繁多—稀少。

【大意解说】

遇到数见的事物就觉得很普通，遇到罕见的事物就觉得很奇特。曾有的极多，未曾有的稀少。

【连一连】

屡

罕

曾

普 甚

曾

特 尠

【故事】

蓝衣里的红衣人

美国钢铁大王卡内基小时候家境贫寒。一天放学后,他经过一个工地,看见一位有老板风度的人在指挥工人干活。闲余之际,卡内基向老板请教自己长大后要怎样做才能像他那样成功。老板说,首先要勤劳肯干,其次要穿件红衣服。卡内基对穿件红衣服的建议感到纳闷。那人指着前面的人群说:"你看他们都穿着统一蓝色的衣服,所以我一个也认不出来。而那个穿红衣服的人,尽管身手和其他人差不多,但我一眼就能看到他。我已经关注他很久了,正准备请他做助手。"一件红衣在一片蓝衣里特别显眼,于是脱颖而出。后来,卡内基成为美国钢铁大王,衣锦还乡。在功成名就后,他几乎将全部的财富捐献给了社会,成为美国企业家的楷模。

(连一连参考图解:少)

【原文欣赏】

【注释】

彼—此：那—这。正—反：正面—反面。

矛—盾：原指两种相互对抗的武器，后被引申为思想言论前后不一致的逻辑关系，哲学上表示对立统一。

【大意解说】

彼就是那，此就是这。事物存在正反两方面，它们是对立统一关系。

【连一连】

彼盾　　矛

此　　　反

那　　　正

这

【故事】

正话倒着说,好玩成事业

民国语言学家赵元任精通多种语言和方言。他听觉极为敏锐,学话能力超常,幼年时就学会了多种方言。他小时候练习说反切语,觉得很好玩,视之为游戏,很快就掌握了发音的诀窍,后来还专门著述详解。长大后,他在语言上的天赋开始显现出来,并对各地方言产生了浓厚的兴趣。每到一个地方都要认真研究语言,总结当地语言的特点和规律,不到一周,就能把当地的方言俚语说得原汁原味,被许多人误认为是老乡。为了深入细致地研究语音语调,他试着说倒话,颠倒成趣,觉得特好玩,却成为他的一种绝活。赵元任常常在公众面前"说倒话",将英文倒着读并录制下来,等人们把它倒转过来播放时,人们听到的却是纯正的英语口音,听者大为惊叹。

(连一连参考图解:盾)

【原文欣赏】

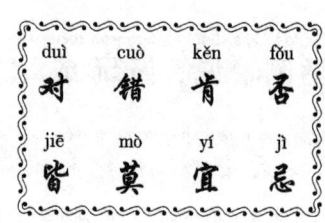

【注释】

对—错：正确—错误。肯—否：肯定—否定。
皆—莫：全—无。宜—忌：适宜—禁忌。

【大意解说】

正确赢得社会肯定，错误遭到社会否定。适宜的皆可行，禁忌的不可行。

【连一连】

对　错　肯　否　皆　莫　宜　忌

【故事】

否定权威摘桂冠

小泽征尔是世界著名的指挥家。1959年他在贝桑松世界指挥大赛的决赛中,按照评委给的乐谱在指挥演奏时,突然听到一处不和谐。他以为是乐队演奏错了,就让他们重新演奏一遍,但仍不尽如人意。这时,在场的评委们都坚持说乐谱没出错,而是小泽征尔的错觉。面对这些世界顶级音乐家笃定的表情,他思考了片刻,突然吼了声:"不,一定是乐谱出错了!"话音刚落,评委台上立即响起了热烈的掌声。原来,这是评委们特地设计的陷阱,以此来考查指挥家在发现乐谱出错、遭到权威否定的情况下,能否继续坚持自己正确的判断。前几位参赛者虽然也发现了问题,但终因盲从权威而遭到淘汰。小泽征尔则不然,因此,他在这次大赛中摘取了桂冠,一夜成名。

(连一连参考图解:√)

【原文欣赏】

【注释】

沿—革：沿袭—变革。仿—创：模仿—创造。
常—变：常态—变态。法—化：规则—变化。

【大意解说】

沿袭效仿，变革创新。不变的是规则，改变就会转化。在常法之上变化。

【连一连】

常

仿　革　变

创（化）沿　　法

【故事】

莫言谈写作经验

莫言是中国首位诺贝尔文学奖的获得者。有人向他请教文学创作的经验。莫言说:"对于年轻人而言,最好的老师就是阅读。年轻人的阅读应该分为几种类型。一是精读;二是泛读。有了精读和泛读的基础,要想进行小说创作的话就从模仿开始。对初学写作的人来说,模仿不是耻辱,而是捷径。模仿是培养我们语感的最重要的方法。一个人的语言风格是跟个人对语言的感受相关的。初中阶段对培养语感至关重要。如果一个人在初中阶段没有培养起对语言的感受,那么后来的努力可能会事倍功半。掌握了一种很好的语感,就好像一个从事音乐的人很好地掌握了一种乐感一样。这就是为什么我们的民间艺术家虽然不识乐谱却仍然可以拉出自己心中旋律的原因。"

(连一连参考图解:方、圆和三角变换图)

【原文欣赏】

【注释】

土—洋：土产—洋货。体—用：本体—作用。
破—立：破坏—建设。旧—新：陈旧—新鲜。

【大意解说】

以本土为根本，以外来为功用。破除旧的，建设新的。

【连一连】

体　　洋

破　　用

立　　旧

　　　土

　　　新

【故事】

戴逵塑造新佛像

东晋艺术家戴逵少博学，善于人物塑造。灵宝寺慕名求戴逵为他们塑造一尊新佛像。佛像初稿完成后，戴逵将它放在寺院里供人参观和欣赏，并向参观者征求意见和看法。可大家都是说些恭维话，没有具体的修改意见。戴逵想，可能大家不愿意当面来提意见，说出心里话。于是他就在佛像所在的大殿后面拉了一个屏风，每天躲在屏风的后面，把人们对于佛像的意见和看法逐一记录下来，仔细琢磨研究，然后反复修改，前后历经了三年时间，终于雕刻出一尊符合佛经教义、体现本土风格、深受信徒喜爱的佛像。这尊前所未有的新佛像一经推出，世人争相来观看和仿效。此后，宽额、浓眉、长眼、垂耳、笑脸、大肚的大佛成为世人公认的标准佛像。

（连一连参考图解：锤子）

【原文欣赏】

【注释】

道—器：道理—器物。魂—魄：古人认为魂是阳气，构成人的思维。魄是粗粝重浊的阴气，构成人的形体。

佛—魔：佛陀—恶魔。神—鬼：神灵—鬼怪。

【大意解说】

自然存在无形之道和有形之器，人体存在无形的精神和有形的形体。佛教有佛魔之说，道教有神鬼之说。

【连一连】

道　器　佛

神　　　魔

鬼　魂　魄

【故事】

道子画钟馗，大神来捉鬼

传说唐玄宗从骊山回宫后，得了一场重病，久治不愈。

一天晚上，唐玄宗梦见一个红衣小鬼闯进皇宫来捣乱，正在惊骇之际，忽见一个大鬼，头顶破帽，身穿蓝袍，袒露一臂，正手执宝剑，追捉小鬼。大鬼捉住小鬼后，把它抓起来吞掉。玄宗连忙问他的名字，自称是终南进士，原是考武举而不中之人，发誓要为陛下扫除天下妖孽。

唐玄宗吓醒后，出了一身冷汗，一场重病顿时痊愈。于是，唐玄宗立即诏来画家吴道子，将梦中所见画成钟馗像。吴道子奉旨，恍若有睹，立笔成画。从此，钟馗打鬼的故事深入寻常百姓家，每年一到岁末，家家都把它贴在门上，以驱鬼避邪。

（连一连参考图解：万字符）

【原文欣赏】

【注释】

聪—聋：耳聪—耳聋。睿—瞀：眼明—眼花。
慧—顽：智慧—愚顽。能—鄙：才干—无能。

【大意解说】

耳聪睿智，耳聋愚钝。智慧工巧，愚顽无能。人的感知主要来自眼、耳，再经过思维加工，产生智慧和能干。因此，要使自己变得智慧起来，就要广闻博见，勤思笃行。

【连一连】

聋

聪

能 鄙 顽 睿

慧

瞀

【故事】

聋哑不可畏，成才树榜样

美国作家海伦·凯勒在很小的时候，因为生了一场大病，而导致终生双目失明、耳朵聋、嘴巴哑。小海伦因此自暴自弃，脾气变得越来越暴躁，动不动就摔东西。她的父母不忍看她这样发展下去，便为她请来一位富有爱心的家庭教师来辅导她。海伦在她的辅导和帮助下，逐渐改变自己错误的行为，变得开朗和自信。她意识到每个人都很喜欢她，所以她不能辜负大家对她的期望。她利用仅有的触觉、味觉和嗅觉来感知周围的事物和环境，努力充实自己，还学会盲文，利用盲文创作。几年之后，她的处女作《我的一生》出版了，立即轰动了全美国。后来海伦·凯勒还致力于残障儿童的教育事业。她的成长故事也激发了众多残障人员正确认识自己，过上充实而有意义的人生。

（连一连参考图解：耳朵）

【原文欣赏】

【注释】

智—愚：聪明—愚笨。巧—拙：灵巧—笨拙。

灵—笨：灵巧—笨拙。活—呆：灵活—呆板。

【大意解说】

聪明的人手巧，愚笨的人手拙。灵巧的人活泼，笨拙的人呆板。这意味着要使自己聪明灵活就要多动脑筋多动手。

【连一连】

灵

巧　　　　　　活

　拙　　　　笨

　智

愚　　　　　呆

【故事】

会说话的眼睛

京剧表演艺术大师梅兰芳小时候去拜师学戏。戏班的师傅说他生着一双死鱼般的眼睛,灰暗、呆滞,没有眼神,根本不是学戏的料子,拒绝收他为徒。

梅兰芳被拒后并没有灰心丧气,反而促使他下决心要练好眼神学好戏。回家后,他开始放养鸽子。每天清晨,梅兰芳仰望广袤的天空,双眼追逐着飞翔的鸽子旋转;他饲养金鱼,每天下午俯视鱼缸,双眼紧跟着水中游动的鱼儿。随着时间的推移,梅兰芳的双眼渐渐地灵活了起来,恰似一汪秋水,脉脉含情,传神动人。

这样,经过自身不断的刻苦学练,梅兰芳终于成为一代京戏大师。他创造的独树一帜梅派艺术,在国内外享有很高的盛誉。

(连一连参考图解:帽子轮廓)

【原文欣赏】

【注释】

猾—憨：狡猾—憨厚。黠—痴：智黠—愚痴。
度—妄：揣度—妄念。悟—迷：觉悟—迷惑。

【大意解说】

狡猾显得智黠，憨厚显得愚痴。揣度产生顿悟，妄念陷入迷惑。眼睛是心灵的窗户。透过人的眼神，大体能看出对方内心的奥秘。

【连一连】

黠

痴　悟　迷　妄　憨
　猾　度

【故事】

歌德以诗劝孩子

德国诗人歌德非常关心孩子的心灵成长,他常用诗歌来启迪孩子的心灵,珍惜时光,积极向上。

一次偶然的机会,歌德发现孩子在自己的纪念册上摘有这样一段小诗:"人生在这里有两分半钟的时间:一分钟微笑,一分钟叹息,半分钟爱。因为在爱的半分钟里,他死去了!"

歌德看后,想到孩子平时一些不好的表现,心里很难受。孩子若痴迷于这种消极人生的诗句,是非常有害的。于是他提笔为诗写了下半段:"一个钟头有六十分钟,一天超过了一千分钟。孩子啊,明白了这个道理,就知道人可以作出多少贡献!"孩子看了,觉得惭愧,幡然醒悟,决心以父亲的诗句激励自己珍惜时光,奋发学习。

(连一连参考图解:眼睛)

【原文欣赏】

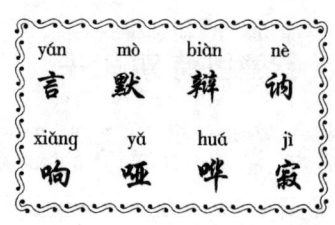

【注释】

言—默：议论—沉默。辩—讷：健谈—木讷。

响—哑：响亮—嘶哑。哗—寂：喧哗—寂静。

老子说："大巧若拙，大辩若讷。"孔子说："敏于事而慎于言，就有道而正焉，可谓好学也已。"

【大意解说】

能言巧辩，沉默木讷。声多喧哗，哑然无声。

【连一连】

默　　　讷

辩

言　　　　　　　响

哗

寂　　哑

【故事】

讷人让辩士无语

南唐徐铉以博学多才、能言善辩威震天下。一次,南唐王派他去宋朝纳贡。宋朝按惯例要派大臣去迎接,大臣们一听说对方的特使是徐铉,生怕自己的口才不如徐铉而推却。后来,宋太祖赵匡胤派了一位目不识丁且木讷的殿前侍者去,大臣们非常惊讶,觉得不可思议。果然,徐铉一见到宋朝特派员后,便开始口若悬河地谈天说地、说古论今,令随从人员惊叹不已。而那位木讷的特派员根本听不懂徐铉的高谈阔论,只是静静地陪伴在他身边,或点头称是。徐铉不了解这位特派员的身份和学识能力,深怕自己在对方面前失去光彩,继续滔滔不绝。他们一起住了好几天,徐铉已说得口干舌燥,精疲力竭,仍无法让对方开口辩论,因此自觉无趣,也就不再吭声了。

(连一连参考图解:口)

【原文欣赏】

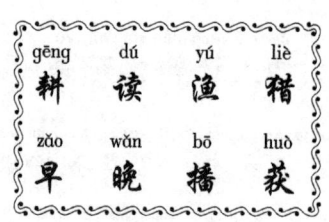

【注释】

耕—读：农耕—读书。渔—猎：捕鱼—打猎。
早—晚：早晨—晚上。播—获：播种—收获。

【大意解说】

耕读两不误，渔猎同兼顾。抢时早播种，适时晚收成。劳动和学习相结合，主业和副业同兼顾。一分耕耘一分收获。提醒人们早播种子适时就会有收获。

【连一连】

耕

读

猎　渔　获　播

早　　晚

【故事】

斯芬克斯之谜

斯芬克斯是古希腊神话里一只人面狮身的猛兽。据说,埃及的胡夫金字塔前的雕像就是它的化身。它端坐在一座悬崖上,询问每个过路人一道谜题:早晨用四只脚走路,中午用两只脚走路,傍晚用三只脚走路。这就是史上著名的斯芬克斯之谜。如果过路人猜错了,就会被它伤害。它因此伤害了许多人,直到年轻的俄狄浦斯揭开谜底为止。俄狄浦斯一语道出:人。在生命的早晨,他是个婴儿,要两手两脚合力才能爬行;到了生命的中午,他已成长为中年人,只用两只脚走路;而到了生命的傍晚,他就成了老人,年迈无力,须借助拐杖来走路,所以被称为三只脚。后来,人们用"斯芬克斯之谜"来比喻神秘的、复杂的、难以解决的问题。

(连一连参考图解:渔船)

爱思考的爱因斯坦

爱因斯坦是举世闻名的科学家,这与他一生爱提问和思考问题有关。

童年的爱因斯坦爱提问。有位老师告诉他:"你这辈子将一事无成。"爱因斯坦毫不在乎,仍继续思考着心中的问题:乘坐光速的感觉如何?若能以光速进行太空之旅,将会看到什么呢?他曾问舅舅:"如果以光在真空中的速度和光一同向前跑,能看到振动着的电磁波吗?"把舅舅问住了。自此,爱因斯坦的脑海里始终萦绕着这个问题,直到他发现相对论为止。

少年的爱因斯坦爱动脑。在舅舅的影响下,他很早就开始自学代数和几何。一遇到难题,总反复思考,实在无法解答时,才向别人请教:"给我指个方向吧!但不要把答案全部告诉我,留着让我思考!"他认为:

人的智慧绝不会偏离目标。所谓教育,是忘却了在校学的全部内容之后剩下的本领。在所阅读的书本中找到可以把自己引到深处的东西,把其他一切统统抛掉,就是抛掉使头脑负担过重和会把自己诱离要点的一切。

年轻时的爱因斯坦爱思考和想象。他坚信:发展独立思考和独立判断的能力,应当始终放在首位,而不应当把获得专业知识放在首位。如果一个人掌握了他的学科的基础理论,并且学会了独立地思考,他必定会找到他自己的道路,而且比那种主要以获得细节知识为其培训内容的人来,他一定会更好地适应进步和变化。没有想象力的灵魂,就像没有望远镜的天文台。提出一个问题往往比解决一个问题更重要,因为解决问题也许仅仅是一个教学上或实验上的技能而已。而提出新问题、新可能性,从新角度去看旧问题,都需要有创造性的想象力,而且标志着科学的真正进步。想象力比知识更重要,因为知识是有限的,而想象力概括着世界上的一切,推动着进步,并且是知识进步的源泉。

壮年时期的爱因斯坦爱探索。他认为:对真理和知识的追求并为之奋斗,是人的最高品质之一。在真理和认识方面,任何以权威者自居的人,必将在上帝的戏笑中垮台!科学是永无止境的,它是一个永恒之谜。追求真理比占有真理更加难得可贵。一个人在科学探索的道路上,走过弯路,犯过错误,并不是坏事,更不是什么耻辱,要在实践中勇于承认和改正错误。在科学上,每一条道路都应该走一走。发现一条走不通的道路,就是对科学的一大贡献。知识不能单从经验中得出,而只能从理智的发明同观察到的事实两者比较中得出。

中年时的爱因斯坦爱挑战。有位物理学家因坚持研究一些难题而成绩不大,但却发现了许多新问题。

爱因斯坦知道后,感慨地说:"我尊敬这种人。我不能容忍这样的科学家——他拿出一块木板来,寻找最薄弱的地方,然后在容易钻透的地方钻许多孔。"

晚年时的爱因斯坦总结说:"求知要善于思考、思考,再思考。我就是靠这个办法成为科学家的。在天才和勤奋两者之间,我毫不迟疑地选择勤奋,它是几乎世上一切成就的催产婆。"他把一生成就浓缩为一道数学方程:成功=艰苦的劳动+正确的方法+少说空话。

附录一

《反义连文》全篇（拼音+文字）

宇宙乾坤，时空经纬。霄壤周旋，来回往返。

春秋夏冬，温凉暑冷。日月交接，昼宵光冥。

朝夕旦暮，晓暝晨昏。燃熄着灭，亮暗朗昧。

东西南北，前后左右。上下内外，中边心旁。

远近遐迩，广狭阔隘。凸凹隆陷，顶底峰谷。

天地山泽，雷风水火。雨旸浸晒，湿干润燥。

冻晹凝泮，涝旱茂枯。涌没浮沉，涨落腾降。

辟翕导堵，通塞畅滞。蓄排清浑，洁污净秽。

zǔ sūn fù zǐ　　jiù shēng shū zhí　　bà mā diē niáng　　chūn xuān kǎo bǐ
祖孙父子，　　舅甥叔侄。　　爸妈爹娘，　　椿萱考妣。

xiōng dì jiě mèi　　dì sì zhóu li　　yuè xù pó xí　　gē sǎo gū zhāng
兄弟姐妹，　　娣姒妯娌。　　岳婿婆媳，　　哥嫂姑嫜。

yuān yāng nán nǚ　　qǔ jià hūn yīn　　fū fù chàng hè　　lǎo shào yí chéng
鸳鸯男女，　　娶嫁婚姻。　　夫妇唱和，　　老少遗承。

guǎn guàn lǐ làn　　xiào niè yǎng shāng　　qīn chóu zūn bēi　　ēn yuàn ài hèn
管惯礼滥，　　孝孽养伤。　　亲仇尊卑，　　恩怨爱恨。

chéng zhà xìn wěi　　gōng ào jìng màn　　tài jiāo qiān mǎn　　tián mǐn róng pò
诚诈信伪，　　恭傲敬慢。　　泰骄谦满，　　恬悯容迫。

zhǔ kè yíng sòng　　nǐ wǒ féng bié　　jù sàn hé lí　　qǔ shě liú qù
主客迎送，　　你我逢别。　　聚散合离，　　取舍留去。

rén jǐ ěr wú　　qún dú lín gū　　tóng sǒu yòu zhǎng　　wēng yù guān guǎ
人己尔吾，　　群独邻孤。　　童叟幼长，　　翁妪鳏寡。

piāo bó bá shè　　pū yǎn jué zhèn　　sù yè xīng mèi　　qǐ jū xíng zhǐ
漂泊跋涉，　　仆偃蹶振。　　夙夜兴寐，　　起居行止。

cái féng yī shang　　jì jiě chuān tuō　　hù yǒu suǒ yuè　　kāi guān qǐ fēng
裁缝衣裳，　　系解穿脱。　　户牖锁钥，　　开关启封。

záo ruì shū huán　　tuī lā chū rù　　chéng xiāng shì jiāo　　qiān mò háng liè
凿枘枢环，　　推拉出入。　　城乡市郊，　　阡陌行列。

féi qiāo wò jí　　jià sè zāi fá　　wā tián jué mái　　jiē yǎn xiān gài
肥硗沃瘠，　　稼穑栽伐。　　挖填掘埋，　　揭掩掀盖。

cāo zòng chí zhì　　zhù zhuó tái yā　　jiǎn diū shí qì　　pīn chāi zhuāng xiè
操纵持置，　　注酌抬压。　　捡丢拾弃，　　拼拆装卸。

gōng xū chǎn xiāo
供需产销，

dàng shú jiè dài
当赎借贷，

qín lǎn máng xián
勤懒忙闲，

jié mí shěng fèi
节靡省费，

shòu shòu zèng dá
授受赠答，

ràng zhēng xiáng yāng
让争祥殃，

gòu shòu mǎi mài
购售买卖。

rèn lài huán tǎo
认赖还讨。

tóu bào zǎn huā
投报攒花。

jiǎn chǐ lìn shē
俭侈吝奢。

qìng diào zhù zǔ
庆吊祝诅。

qū bì jí xiōng
趋避吉凶。

dí tiào pī líng
籴粜批零，

niú xióng fēi duò
牛熊飞堕，

shōu zhī yú chù
收支余绌，

fēng kuì ráo fá
丰匮饶乏，

pín fù jiàn guì
贫富贱贵，

huò fú jué lián
祸福绝连，

zū diàn zhēng jiǎo
租佃征缴。

shēng diē hóng lǜ
升跌红绿。

sǔn yì péi zhuàn
损益赔赚。

shī liǎn yǔ duó
施敛予夺。

qióng dá yāo shòu
穷达夭寿。

yāo ruì duàn xù
妖瑞断续。

yīn yáng biǎo lǐ
阴阳表里，

hán rè xū shí
寒热虚实。

bá zhā bǔ xiè
拔扎补泻，

fú fū bìng yù
服敷病愈。

hū xī tǔ nà
呼吸吐纳，

shēn qū fǔ yǎng
伸屈俯仰。

láo yì dòng jìng
劳逸动静，

zuò xī jué mián
作息觉眠。

zuò wò pā tǎng
坐卧趴躺，

bì zhēng mèng xǐng
闭睁梦醒。

jī xiāo bǎo è
积消饱饿，

gǔ xiè qiào chuí
鼓泄翘垂。

yǐn shí fàn cài
饮食饭菜，

sù mǐ jiǔ lǐ
粟米酒醴。

hūn sù hòu báo
荤素厚薄，

chún zá cuì bó
纯杂粹驳。

xiān fǔ xiāng chòu
鲜腐香臭，

gān kǔ dàn xián
甘苦淡咸。

suān jiǎn huá sè
酸碱滑涩，

ruǎn yìng rèn cuì
软硬韧脆。

横竖撇捺，提按擒放。道拓载覆，盈缩舒卷。
徐疾迟速，永暂久顷。尖秃锐钝，精粗细巨。
稀稠疏密，增删添荙。条紊齐畸，均殊同异。
隐秀藏露，点面瞻顾。完残全缺，疵醇瑕瑜。
草木标本，枝干梢根。凤凰麒麟，禽兽牡牝。
雄雌伯仲，颉颃轩轾。真假优劣，良莠好坏。
赤黑皂白，粉黛艳朴。胖瘦洪纤，美丑妍媸。
喜怒乐哀，愉忧悦愠。痛快哭笑，庄谐雅俗。
声韵音义，律吕宫商。玑珠仄平，抑扬顿挫。

国家朝野，顺逆向背。燮强盛衰，治乱举废。
君臣诏奏，元辅股肱。思虑决疑，谋计政事。
轻重缓急，利害得失。是非直曲，成败功过。
忠奸贞淫，诤佞谏谀。公私廉贪，荣耻宠辱。
好嫉欲恶，令禁许拒。称訾誉毁，臧否褒贬。
彰瘅善恶，奖惩赏罚。聘辞任免，黜陟幽明。
圣凡贤庸，王霸英巂。文武柔刚，松紧弛张。
仁暴慈戾，威侮严懈。军民将士，休戚欢悲。
生死存亡，安危夷险。抵侵御击，抚剿降抗。
领发招挥，进退攻守。慎忽准误，佚愆赢输。
强弱大小，勇怯劲挠。捭阖敌友，竞协战和。
自及古今，警匪追逃。德刑赏诛，赦咎遵违。

shī tú dài gēn
师徒带跟，
jiāo xué chuán xí
教学传习。
gào wèn shuō tīng
告问说听，
bì wú zhǔn miǎo
必毋谆藐。

gāng mù bó yuē
纲目博约，
fán jiǎn xiáng lüè
繁简详略。
nán yì ào xiǎn
难易奥显，
piān jiān wàng jì
偏兼忘记。

jiā jiǎn chéng chú
加减乘除，
zǒng fēn děng chā
总分等差。
dān shuāng jī ǒu
单双奇偶，
zhòng xiān duō shǎo
众鲜多少。

cháng duǎn kuān zhǎi
长短宽窄，
gāo dī shēn qiǎn
高低深浅。
fāng yuán jǔ guī
方圆矩规，
shù xíng liàng zhì
数形量质。

shǒu wěi duān mò
首尾端末，
chū zhōng shǐ zú
初终始卒。
yīn guǒ yuán wěi
因果原委，
yuán liú qián xiàn
源流潜现。

wèi yǐ wú yǒu
未已无有，
wēi zhù jiàn tū
微著渐突。
lǚ hǎn pǔ tè
屡罕普特，
céng fēn shèn xiǎn
曾鄐甚尟。

bǐ cǐ nà zhè
彼此那这，
zhèng fǎn máo dùn
正反矛盾。
duì cuò kěn fǒu
对错肯否，
jiē mò yí jì
皆莫宜忌。

yán gé fǎng chuàng
沿革仿创，
cháng biàn fǎ huà
常变法化。
tǔ yáng tǐ yòng
土洋体用，
pò lì jiù xīn
破立旧新。

dào qì hún pò
道器魂魄，
fó mó shén guǐ
佛魔神鬼。
cōng lóng ruì mào
聪聋睿瞀，
huì wán néng bǐ
慧顽能鄙。

zhì yú qiǎo zhuō
智愚巧拙，
líng bèn huó dāi
灵笨活呆。
huá hān xiá chī
猾憨黠痴，
duó wàng wù mí
度妄悟迷。

yán mò biàn nè
言默辩讷，
xiǎng yǎ huá jì
响哑哗寂。
gēng dú yú liè
耕读渔猎，
zǎo wǎn bō huò
早晚播获。

附录二

哲语集鉴

昔日哲语,言简意赅,集句成文,以资共鉴。

一元复始,万象更新。

春华秋实,各有其时。

没有耕耘,哪有收获。

奋斗在前,拔萃在后。

吃得苦中苦,方知甜中甜。

须知极乐神仙境,修炼多从苦处来。

光阴似箭,日月如梭。

不贵尺之璧,而贵寸之阴。

少壮不努力,老大徒伤悲。

生有涯知无涯,活到老学到老。

古人学问无遗力,少壮工夫老始成。

黑发不知勤学早,白首方悔读书迟。

书山有路勤为径,学海无涯苦作舟。

习勤忘劳,习逸成惰。

初勤中惰,前功并弃。

勉之期不止,多获由力耕。

学如逆水行舟,不进则退。百尺竿头,更进一步。

求则得之,舍则失之。

迷时师度,悟了自度。

大胆假设,小心求证。

濯去旧见,以来新意。

推陈出新,饶有别致。

博识强记易,会通解悟难。

学而时习之，温故而知新。

知之非艰，行之惟艰。

行是知之始，知是行之成。

以行而求知，因知以进行。

一语不能践，万卷徒空虚。

既耕亦已种，时还读我书。

读有字的书，识无字的理。

贫寒更须读书，富贵不忘稼穑。

与有肝胆人共事，从无字句处读书。

亲身下河知深浅，亲口尝梨知酸甜。

三人行，有我师。

学无老少，能者为先。

学无前后，达者为师。

闻道有先后，术业有专攻。

博观而约取，厚积而薄发。

华不堕则实不结,岸不亏则谷不盈。

莫言大道人难得,自是功夫不到头。

养成大拙方为巧,学到愚时才是贤。

尺有所短,寸有所长。

知人者智,自知者明。

人有所短,乃见所长。

用人所长,补我所短。

各去所短,合其所长。

虚心长智,骄傲生愚。

实干能成事,虚心能添智。

虚则知实之情,静则知动之正。

高山仰止,景行行止。

他山之石,可以攻玉。

技无大小,贵在能精。

人力胜天工,只在每事问。

高者未必贤,下者未必愚。

取法于上仅得其中,取法于中不免为下。

生我慈母,活我严父。

养子方知父母恩,立身方知人辛苦。

父子和而家不败,兄弟和而家不分。

老吾老及人之老,幼吾幼及人之幼。

男大须婚,女大必嫁。

妻贤夫祸少,子孝父心宽。

夫妻同苦共甘,棒打鸳鸯不散。

内睦者家道昌,外睦者人事济。

远水难救近火,远亲不如近邻。

亲戚不相毁誉,朋友不相怨德。

明赞朋暗谏友,想自己度他人。

入其国者从其俗,入其家者避其讳。

居必择乡，游必就士。

贵不忘贱，新不忘旧。

近朱者赤，近墨者黑。

旧染污俗，咸与唯新。

清浊必异源，枭凤不并翔。

学好人长智，学坏人堕落。

损友敬而疏，益友亲而敬。

恶人相远离，善人近相知。

善人同处，则日闻嘉训；

恶人从游，则日生邪情。

饮食有节，起居有常。

夙兴夜寐，洒扫庭内。

饮食不节，杀人顷刻。

少吃有滋味，多吃伤脾胃。

一节痛百节废，四肢强躯本固。

屋里屋外勤打扫,身体健康生平好。

寿夭休论命,修行在个人。
要做长命人,莫做短命事。
人勤生百巧,一懒生百病。
劳其身者长寿,安其乐者短命。
身病需要好药,心病需要良言。
自身有病自心知,身病还将心自医。

旦慧昼安,夕加夜甚。
急病在治,慢病在养。
病来如山倒,病去如抽丝。
无病不疑病,有病不瞒医。
是病总宜早医,长痛不如短痛。
不治已病治未病,不治已乱治未乱。

文明精神,野蛮体魄。

强身励志，身心并完。

内正其身，外正其容。

内修而外理，形端而影直。

召远在修近，避祸在除怨。

一日结成仇，千日解不彻。

德不孤，必有邻。

群居不倚，独立不惧。

高者无亢，卑者无怯。

自尊自重，自轻自贱。

但立直标，终无曲影。

严于律己，宽以待人。

与人不求备，检身若不及。

玉在山而草木润，渊生珠而崖不枯。

处其实不处其华，治其内不治其外。

内无妄思，外无妄动。

昼之所为，夜必思之。

见善必为，闻恶必去。

有道则见，无道则隐。

用之则行，舍之则藏。

天知地知，你知我知。

若要人不知，除非己莫为。

一失脚成千古恨，再回头已百年人。

善则称人，过则称己。

反躬自问，休怪他人。

好事须相让，恶事莫相推。

贵人而贱己，先人而后己。

无道人之短，无说己之长。

施人慎勿念，受恩慎勿忘。

人有恶则掩之，人有善则扬之。

闻人之谤当自修，闻人之誉当自惧。

言之者无罪，闻之者足以戒。有则改之，无则加勉。

言不苟出，行不苟为。
言必有防，行必有检。
临行而思，临言而择。
言必可行，行必可言。
做事必谋始，出言必相顾。
轻诺必寡信，多易必多难。

病从口入，祸从口出。
恶言不出口，苟语不留耳。
来说是非者，便是是非人。
莫待是非来入耳，从前恩爱反为仇。
是非不必争你我，彼此何须论短长。
说话不在多和少，说到当处就是好。
良言一句三冬暖，恶语伤人六月寒。

棋逢对手，先礼后兵。

明枪易躲，暗箭难防。

以明防前，以智虑后。

眼见为实，耳听为虚。

附耳之语，流闻千里。

一人传虚，万人传实。

事以密成，语以泄败。

隔墙须有耳，窗外岂无人。

和气致祥，乖气致戾。

谨养其和，开源节流。

投我以桃，报之以李。

好借好还，再借不难。

旱则资舟，水则资车。

人弃我取，人取我予。

贵出如粪土，贱取如珠玉。

得勿喜,失勿忧。

不以物喜,不以己悲。

不诱于誉,不恐于诽。

好而知其恶,恶而知其美。

盛喜中勿许人物,盛怒中勿答人谏。

举所美必观其所终,废所恶必计其所穷。

居丰行俭,在富能贫。

俭节则昌,淫佚则亡。

丰凶相济,农末皆利。

小用不节,大费必至。

量入为出,凑少成多。

富从升合起,贫因不算来。

奢者富不足,俭者贫有余。

惰而侈则贫,力而俭则富。

从俭入奢易,从奢返俭难。

救奢必于俭约,拯薄无若敦厚。
闲时省下忙时用,有钱不忘无钱难。

守得贫,耐得富。
富而无骄,贫而无谄。
富贵不傲物,贫贱不易行。
宁清贫自乐,不浊富多忧。
达亦不足贵,穷亦不足悲。
穷则独善其身,达则兼济天下。

德无细,怨无小。
勿疏小善,方恢大略。
从善如登,从恶如崩。
善不可失,恶不可长。
善恶之报,如影随形。
行善获福,行恶得殃。

己所不欲，勿施于人。

宁人负我，毋我负人。

欺人是祸，饶人是福。

害人害己，玩火自焚。

与人方便，自己方便。

晴天留人情，雨天好借伞。

祸兮福所倚，福兮祸所伏。

妖者祸之先，祥者福之先。

利与害为邻，祸与福同门。

舌为利害本，口是祸福门。

择福莫若重，择祸莫若轻。

恭可平人怒，让可息人争。

让人非我弱，守己任他强。

强中自有强中手，莫向人前满自夸。

善恶随人作，祸福自己招。

正道上不走，邪路上倒行。
勿以恶小而为之，勿以善小而不为。
善恶到头终有报，只争来早与来迟。

物极必反，数穷则变。
乐极生悲，否极泰来。
生于忧患，死于安乐。
居安思危，有备无患。
人无远虑，必有近忧。
凡事预则立，不预则废。
无事则深忧，有事则不惧。
安不可忘危，治不可忘乱。
忧劳可以兴国，逸豫可以亡身。
先忧事者后乐，先傲事者后忧。
思难而难不至，忘患而患反生。

明者慎微，智者识几。

以微知明,以小知大;
以近知远,以一知万。
见出以知入,观往以知来。
以所见可以占未发,睹小节故足知大体。
有诸内者必形诸外,视其外应知其内藏。

思其始,图其终。
知始终,执其中。
畏其卒,怖其始。
小心多,失足少。
不勤于始,将悔于终。
慎始敬终,终以不困。
靡不有初,鲜可有终。
努力创造,始败终成。
事之成败,必由小生。
差若毫厘,谬以千里。

既有来龙，必有去脉。

事出有因，终究有果。

物有本末，事有始终；格物致知，知行合一。
去粗取精，去伪存真；由此及彼，由表及里。
以名举实，以辞抒意；以说出故，以类取名。
反以观往，复以验来；反以知古，复以知今。
反以知彼，复以知己；不合于今，反古而求。

同中求异，异中求同。

真的假不了，假的真不了。

假作真时真亦假，无为有处有还无。

橘生淮南则为橘，生于淮北则为枳。

孪子之相似者，唯其母知之而已；利害之相似者，唯智者知之而已。

一马当先，万马奔腾。

ruò ròu qiáng shí　　yōu shèng liè tài
弱肉强食，优胜劣汰。

tiān shí dì lì　　bù rú rén hé
天时地利，不如人和。

shùn tiān zhě cún　　nì tiān zhě wáng
顺天者存，逆天者亡。

dé dào duō zhù　　shī dào guǎ zhù
得道多助，失道寡助。

zhī jǐ zhī bǐ　　bǎi zhàn bù dài
知己知彼，百战不殆。

zhī tiān zhī dì　　shèng nǎi kě quán
知天知地，胜乃可全。

dāng xíng zé xíng　　dāng zhǐ zé zhǐ
当行则行，当止则止。

jiàn kě ér jìn　　zhī nán ér tuì
见可而进，知难而退。

duó dé ér chǔ zhī　　liàng lì ér xíng zhī
度德而处之，量力而行之。

ān wēi bù èr qí zhì　　xiǎn yì bù gé qí xīn
安危不贰其志，险易不革其心。

lì yú guó zhě ài zhī　　hài yú guó zhě wù zhī
利于国者爱之，害于国者恶之。

zhèng zé yòng zhī　　xié zé qù zhī　　shì zé xíng zhī　　fēi zé gǎi zhī
正则用之，邪则去之；是则行之，非则改之。

yǐ jì dài zhàn yī dàng wàn
以计代战一当万。

duō suàn shèng　　shǎo suàn bù shèng
多算胜，少算不胜。

ěr tīng sì miàn　　yǎn guān bā fāng
耳听四面，眼观八方。

未知事实,不可虚行。

计定于内,势成于外。

慎重则必成,轻发则多败。

贪小利失大节,讨便宜吃大亏。

偷得利而后有害,偷得乐而后有忧。

功者难成而易败,时者难得而易失。

小不忍则乱大谋,退一步海阔天空。

一忍可以支百勇,一静可以制百动。

静而无哗气方定,清而寡欲心自正。

事遇机关须退步,人逢得意早回头。

骑马莫轻平地上,收帆好在顺风时。

运筹帷幄之中,决胜千里之外。

利可共而不可独,谋可寡而不可从。

营大者不计小名,图远者弗拘近利。

成大事者不恤小耻,立大功者不拘小谅。

举大体而不论小事,务实效而不为虚名。

怀重宝者不以夜行,任大功者不以轻敌。

见小利不能立大功,存私心不能谋公事。

仰高者不可忽其下,瞻前者不可忽其后。

能近见而后能远察,能利狭而后能泽广。

大处着眼,小处着手。

处晦而观明,处静而观动。

遇繁而若一,履险而若夷。

经济数大端,持要略苛细。

志其大舍其细,先其急后其缓。

秉纲而目自张,执本而末自从。

动则三思,虑而后行。

进退不定,疑生必败。

前虑不定,后有大患。

以疑决疑,决必不当。

计疑无定事,事疑无成功。

一着错全盘输,一点破全盘活。

有一利,有一弊。

兴其利,避其害。

杂举利害,兼烛终始。

智者之虑,必杂于利害。

利之中取大,害之中取小。

权,然后知轻重;度,然后知长短。

百工从事皆有法度,不以规矩不成方圆。

志无虚邪,行必正直。

成功之道,赢缩为宝。

世事有常有变,英雄能屈能伸。

屈己者能处众,好胜者必遇敌。

既知退而知进兮,亦能刚而能柔。

胜败兵家事不期,包羞忍耻是男儿。

有备则制人,无备则制于人。

宜未雨而绸缪,勿临渴而掘井。

天有不测风云,人有旦夕祸福。

求神不如求人,求人不如求己。

战胜易,守胜难。

胜而不骄,败而不怨。

胜人者有力,自胜者强。

欲胜人者先自胜,欲知人者先自知。

寡不敌众,弱不敌强。

孤举者难成,众掣者易趋。

天无边智无限,有智赢无智输。

一己之见有限,众人之见无穷。

万夫之勇不足,一夫之智有余。

一时之强弱在力,千古之胜负在理。

人往高处走,水往低处流。

行远必自迩,登高必自卑。

擒龙要下海,打虎要上山。

大胆天下去得,小心寸步难行。

智者顺势而谋,愚者逆理而动。

久伏者飞必高,先开者谢独早。

有志者事竟成,无志者万事空。

遇事之易不足喜,遇事之难不足忧。

死棋腹中有仙招,困龙亦有上天时。

山重水复疑无路,柳暗花明又一村。

天下难事必做于易,天下大事必做于小。

事无大小全在精神,今日虽小后望方长。

公生明,偏生暗。

兼听则明,偏信则暗。

狂夫之言,圣人择焉。

小事糊涂,大事不糊涂。

别而听之则愚,合而听之则圣。

为一身谋则愚,而为天下谋则智。

不聪不明不能为王,不瞽不聋不能为公。

求大同,存小异。

有容德乃大,无欲心自正。

天下同归而殊途,一致而百虑。

水能载舟,亦能覆舟。

前事不忘,后事之师。

明鉴所以照形,往古所以知今。

察消长之往来,辨利害于疑似。

鉴前世之兴衰,考当今之得失。

要知事须读史,不知来视诸往。

前人踬后人戒,不知戒后必有。

先人作后人传,可则因否则革。

路漫漫其修远兮,吾将上下而求索。

前人栽树,后人乘凉。

化我者生,破我者进。

新者生机,不新则死。

取其精华,弃其糟粕。

删繁就简三秋树,领异标新二月花。

有意栽花花不开,无心插柳柳成荫。

天生万物,惟人为贵。

人定胜天,造化自我。

人事有代谢,往来成古今。

往者不可谏,来者犹可追。

芳林新叶催陈叶,流水前波让后波。

长江后浪推前浪,世上今人胜古人。

继往开来,舍我其谁。

问苍茫大地,谁主浮沉。

奇文共欣赏,疑义相与析。

文章千古事,得失寸心知。

旧书不厌百回读,熟读深思子自知。

学于古训乃有获,言有尽而意无穷。

附录三

填一填

天(　)相荡，日(　)相推。时(　)相错，乾(　)相激。
水(　)相息，冷(　)相忤。冰(　)相爱，玉(　)相揉。
花(　)相辉，草(　)相映。枝(　)相持，本(　)相顺。
华(　)相称，表(　)相合。整(　)相扶，疏(　)相衬。
浓(　)相宜，道(　)相当。动(　)相及，盛(　)相乘。
阴(　)相对，矛(　)相向。古(　)相承，先(　)相继。
有(　)相生，难(　)相成。长(　)相形，高(　)相盈。
音(　)相和，平(　)相谐。言(　)相符，名(　)相副。
故(　)相反，前(　)相悖。疑(　)相参，去(　)相安。
轻(　)相举，缓(　)相摩。利(　)相杂，得(　)相半。
安(　)相易，祸(　)相生。是(　)相明，黑(　)相间。
婚(　)相配，夫(　)相伴。呼(　)相通，声(　)相投。
食(　)相兼，形(　)相随。朝(　)相处，生(　)相许。
休(　)相关，苦(　)相磨。彼(　)相约，主(　)相等。
父(　)相亲，兄(　)相顾。子(　)相权，老(　)相携。

唇( )相依，骨( )相连。手( )相卫，肝( )相照。
师( )相授，口( )相传。官( )相教，教( )相长。
君( )相辅，将( )相帮。吏( )相欢，文( )相求。
敌( )相伐，新( )相除。伯( )相抗，旗( )相当。
刚( )相济，宽( )相济。虚( )相变，奇( )相佐。
强( )相援，勇( )相间。上( )相护，中( )相保。
前( )相趋，左( )相赴。远( )相取，利( )相蔽。
步( )相承，长( )相同。出( )相友，攻( )相助。
首( )相衔，始( )相应。供( )相动，利( )相敌。
佞( )相类，诈( )相似。违( )相争，刑( )相养。

参考答案

天(地)相荡，日(月)相推。时(空)相错，乾(坤)相激。
水(火)相息，冷(热)相忤。冰(炭)相爱，玉(石)相揉。
花(萼)相辉，草(木)相映。枝(干)相持，本(末)相顺。
华(实)相称，表(里)相合。整(碎)相扶，疏(密)相衬。
浓(淡)相宜，遒(拓)相当。动(静)相及，盛(衰)相乘。
阴(阳)相对，矛(盾)相向。古(今)相承，先(后)相继。
有(无)相生，难(易)相成。长(短)相形，高(下)相盈。
音(声)相和，平(仄)相谐。言(行)相符，名(实)相副。
故(新)相反，前(后)相悖。疑(信)相参，去(就)相安。
轻(重)相举，缓(急)相摩。利(害)相杂，得(失)相半。
安(危)相易，祸(福)相生。是(非)相明，黑(白)相间。
婚(姻)相配，夫(妻)相伴。呼(吸)相通，声(气)相投。

食(宿)相兼,形(影)相随。朝(夕)相处,生(死)相许。
休(戚)相关,苦(乐)相磨。彼(此)相约,主(客)相等。
父(子)相亲,兄(弟)相顾。子(母)相权,老(幼)相携。
唇(齿)相依,骨(肉)相连。手(足)相卫,肝(胆)相照。
师(徒)相授,口(耳)相传。官(兵)相教,教(学)相长。
君(臣)相辅,将(士)相帮。吏(民)相欢,文(武)相求。
敌(我)相伐,新(旧)相除。伯(仲)相抗,旗(鼓)相当。
刚(柔)相济,宽(猛)相济。虚(实)相变,奇(正)相佐。
强(弱)相援,勇(怯)相间。上(下)相护,中(外)相保。
前(后)相趋,左(右)相赴。远(近)相取,利(钝)相蔽。
步(骑)相承,长(短)相同。出(入)相友,攻(守)相助。
首(尾)相衔,始(终)相应。供(求)相动,利(耗)相敌。
佞(贤)相类,诈(信)相似。违(顺)相争,刑(德)相养。

后　记

　　《反义连文诵读》适用于初学汉语或小学二、三年级以上的读者阅读，衔接已出版的《反义连文》辞典版，读完本书再读辞典版，可以增加反义词词量和提高思维能力。两者编排顺序一致，但后者的反义词词量和内容更丰富，各具特色，故事不重复，读者可结合阅读。这两本书将和后续创作的以反义词为主题的其他图书共同组成"反义词文化丛书"，欢迎读者连续阅读。